REFA-Fachbuchreihe Unternehmensentwicklung

Dr.-Ing. Werner Fricke

Statistik in der Arbeitsorganisation

REFA-Fachbuchreihe Unternehmensentwicklung

Dr.-Ing. Werner Fricke

Statistik in der Arbeitsorganisation

3. Auflage

HANSER

Die Deutsche Bibliothek -CIP Einheitsaufnahme
Ein Titelsatz für diese Publikation ist bei der Deutschen Bibliothek erhältlich.

ISBN 978-3-446-41599-7

3. Auflage

Vorwort des Herausgebers

Statistische Daten und Angaben sind in der heutigen Arbeitswelt nicht nur weit verbreitet und vielseitig verwendbar, sie sind und bleiben offenkundig auch notwendig. Ein spezielles Anwendungsgebiet stellt über Jahrzehnte die Arbeitswirtschaft dar. Dies hat sich mit deren Weiterentwicklung zur prozessorientierten Arbeitsorganisation keineswegs verringert. Im Gegenteil – es treten weitere Aufgaben und neue Nutzer auf, z.B. in Verbindung mit selbstverantwortlichen Unternehmenseinheiten wie Segmenten, bei sich durch ihre Arbeit selbststeuernde Gruppen und Teams oder bei der Verwendung von Zielvereinbarungen.

Für Gewinnung und Nutzung gerade arbeitsbezogener Daten und Informationen haben statistische Methoden, Regeln und Kriterien nach wie vor eine spezielle Bedeutung. Einerseits geht es stets um die Aussagekraft und Zuverlässigkeit arbeitsbezogener Daten, andererseits um die Beeinflussung des mit ihrer Ermittlung und Verarbeitung verbundenen, nicht immer geringen Aufwandes.

Bedenkt man in diesem Zusammenhang auch, welches Risiko damit verbunden sein kann, aus einer relativ geringen Datenmenge – der Stichprobe – Ableitungen für weitere Entwicklungen oder für andere Bedingungen vorzunehmen, so wird die Notwendigkeit der Kenntnis sowie des sachgerechten Gebrauchs statistischer Methoden erkennbar.

Hierbei ist eigentlich unerheblich, ob es sich im einzelnen um folgendes handelt:
- Ermittlung der tatsächlichen Auslastung von Anlagen oder Arbeitssystemen
- Erfassung der Häufigkeit und Dauer von Störungen und Ausfällen sowie die Bestimmung ihrer Auswirkungen für das Unternehmen
- Bestimmung von Risiken, etwa von Unfallrisiken oder Expositionen
- Fehleranalyse und -verfolgung
- Erfassung von Arbeitsaufwandsdaten.

Statistische Kenntnisse sind auch zum Vorbereiten, Durchführen und Auswerten von Befragungen der Kunden oder der Beschäftigten sowie von Messungen erforderlich. Schließlich geht es nicht nur darum, Sachverhalte und Zusammenhänge darzustellen, sondern auch darum, die Ursachen solcher Symptome möglichst treffsicher aufzudecken.

In diesem Band werden die Grundlagen aller statistischen Anwendungen in den REFA-Ausbildungen vermittelt. Die Aktualität dieser Ausbildung wird nicht zuletzt dank der Verwendung einschlägiger Software demonstriert.

Das Buch ist Teil einer dreibändigen Reihe, zu der weiter die Titel „Anwendung statistischer Qualitätsmethoden" und „Führungsorientiertes Qualitätsmanagement" gehören. Diese neuen Produkte sind Ergebnis angestrengter Arbeit erfahrener Fachleute im Rahmen eines REFA-Entwicklungsprojektes. Sie werden dazu beitragen, die Attraktivität der REFA – Aus- und Weiterbildung in einem für die Wirtschaft wichtigen Arbeitsfeld deutlich zu steigern.

Prof. Dr.- Ing. habil. E. Kruppe
Vorsitzer REFA-Entwicklungsausschuss

Vorwort

In allen Bereichen der betrieblichen Praxis werden Daten durch Messungen, Erhebungen oder andere Experimente erfasst. Zur anschaulichen Darstellung, Auswertung und Interpretation dieser Daten sind statistische Methoden unerlässlich. Die Vergangenheit hat gezeigt, dass theoretische Vermittlung und praktische Anwendung dieses Stoffes häufig noch nicht ausreichend auf die Bedürfnisse der Lernenden ausgerichtet sind. Hier soll der Versuch unternommen werden, durch verständliche Inhalte, in Verbindung mit professionellen Softwareprodukten und modernen Lehrmethoden, diesen Nachteil zu vermeiden. Aus diesem Grund liegt diesem Buch eine **CD-ROM** bei, mit der Sie alle **Beispiele** und **Abbildungen** mit Hilfe von **Demonstrationssoftware** selbst nachvollziehen können. Wenn zu einem Beispiel eine entsprechende Datei vorhanden ist, dann steht der Name der Datei in der Beispielüberschrift. Außerdem enthält die CD eine Powerpoint-Demo mit entsprechenden Abbildungen.

Dieses Buch soll dazu dienen, Ihnen ein Grundverständnis für statistische Methoden zu vermitteln. Die beschriebenen Methoden können in der Praxis u.a. auf folgenden Gebieten zum Einsatz kommen:
- Untersuchung der Eigenschaften von Zulieferteilen
- Überwachung von Qualitätsstandards und Einhaltung von Gütevorschriften
- Prozessorientiertes Qualitätsmanagement
- Zeitwirtschaft und Planzeitbildung zur Zeit- und Kostenkalkulation
- Nutzung von Betriebsmitteln
- Personal- und Materialbedarfsplanung
- Ermittlung von Verteilzeitanteilen
- Wirkungen bzw. Nebenwirkungen von Behandlungsmethoden
- Erstellung von Unfallstatistiken
- Ermittlung von Schadenshäufigkeiten
- Analyse des Krankenstands eines Unternehmens.

An dieser Stelle möchte ich allen danken, die mit ihrer Hilfe und ihren Anregungen konstruktiv am Zustandekommen dieses Buches beteiligt waren. Besonders möchte Herrn Prof. Dr. Eberhard Kruppe für die stets konstruktive Zusammenarbeit bei der Durchsicht der Entwürfe und seine Anregungen danken. Weiterhin gilt mein Dank Herrn Konrad Siegel für die effektive Zusammenarbeit beim Aufbau der GEONExT-Beispiele und meiner Frau Bettina für die fachlich kompetente Durchsicht und Korrektur der Manuskripte.

Inhaltsverzeichnis

Inhaltsverzeichnis

1 Einleitung

1.1 Was ist Statistik

Der Begriff „Statistik" wird in vielen Bereichen verwendet, z.B. Wirtschaft, Medizin, Verkehr, Ingenieurwesen, Physik, Chemie usw. Mit diesem Begriff werden häufig Zahlenkolonnen in Tabellen oder auch Grafiken in Verbindung gebracht. Man kennt die Arbeitslosenstatistik, die Unfallstatistik oder die Bevölkerungsstatistik. In diesem Sinne wurde auch der Begriff „Statistik" gegen Ende des 17. Jahrhunderts geprägt und bedeutete allgemein „die Lehre von der Zustandsbeschreibung des Staates" (vgl. auch Hartung / 1 / und REFA / 2 /).

Nach REFA / 2 / geht die moderne Statistik über diese rein beschreibende Aufgabe hinaus und stellt Methoden zur Verfügung, die zur Datensammlung, zur Aufbereitung und Analyse der Daten dienen. Das Ziel der Verwendung von statistischen Methoden besteht darin, Behauptungen und Hypothesen zu überprüfen und zu einer rationalen Entscheidungsfindung beizutragen. Grundlage für eine statistische Analyse ist stets eine inhaltlich möglich genau abgegrenzte Fragestellung und die Beschreibung des Untersuchungsziels. Hierbei spielen auch wirtschaftliche Überlegungen eine Rolle, z.B. wie groß der Aufwand für die Datenerhebung ist, um statistisch gesicherte Aussagen mit einer bestimmten vorgegebenen Genauigkeit zu erhalten.

1.2 Statistik im REFA-Bereich

Im Bereich der Arbeitsorganisation spielen statistische Methoden in vielerlei Hinsicht eine wichtige Rolle. Dieses Buch soll deshalb auch für REFA-Fachkräfte eine Grundlage für die korrekte Anwendung und Umsetzung dieser Methoden bilden. An geeigneter Stelle wird jeweils auf den Bezug zu REFA hingewiesen. Außerdem werden die für REFA relevanten Methoden und Verfahren in einem eigenen Abschnitt im Anhang 8.3 des Buches zusammengefasst.

1.3 Erhebung von Stichproben

Will man Informationen über bestimmte Problemstellungen erhalten, so sind zunächst Daten zu erheben. Es stellt sich hierbei häufig die Frage, ob es notwendig und sinnvoll ist alle Daten zu erfassen oder ob ein Teil der Daten ausreicht. Sicherlich liefert die Totalerhebung die umfassendsten Informationen über die Problemstellung. In den meisten Fällen ist es jedoch unmöglich, alle Informationen einer Problemstellung zusammenzutragen, weil die Datenmenge einfach zu groß oder unendlich ist.

Selbst wenn alle Daten ermittelt werden könnten, ist häufig der Zeit- und damit der Kostenaufwand so groß, dass dies nicht sinnvoll erscheint. Aus diesem Grund wird man sich in der Regel mit einer Untermenge der gesamten Daten zufrieden geben und aus dieser **Stichprobe** Rückschlüsse auf die Gesamtmenge der Daten, die **Grundgesamtheit,** ziehen.

Bei der Erhebung von Daten ist es notwendig, dass die Stichprobe möglichst alle Eigenschaften der Grundgesamtheit aufweist. Will man z.B. wissen, wie hoch der Frauenanteil an der Gesamtzahl der Studierenden in einem bestimmten Fach ist, so werden natürlich nur diejenigen in die Stichprobe mit einbezogen, die das entsprechende Fach studieren. Auch bei der Auswahl der Elemente der Stichprobe werden verschiedene Verfahren unterschieden.

1.3.1 Bewusste Auswahl

Bei der bewussten Auswahl werden die Einheiten der Grundgesamtheit nach den Kenntnissen über ihre Zusammensetzung, d.h. aufgrund gezielter Überlegungen, in der Stichprobe mit dem Ziel einer möglichst guten Repräsentativität berücksichtigt / 2 /. Die Verfahren der bewussten Auswahl werden häufig in der Marktforschung eingesetzt und zwar immer dann, wenn eine Auswahl nach dem Zufallsprinzip nicht möglich oder zu aufwendig ist. Nach Hartung / 1 / werden diese Verfahren Beurteilungsstichproben genannt. Sie werden wie folgt von den Zufallsstichproben abgegrenzt (vgl. auch Menges/Skala / 3 /, Hauser / 4 /).

Zufallsstichproben	Beurteilungsstichproben
erfordern eingehende Planung	sind einfach zu planen
eine bestimmte Erhebungseinheit muss in die Stichprobe gelangen (Substitutionen sind nicht zugelassen)	Substitutionen der Erhebungseinheiten sind zugelassen
sind relativ teuer	sind relativ billig
da sie auf der Wahrscheinlichkeitsrechnung beruhen, ist eine genaue Fehlerrechnung möglich	da sie nicht auf der Wahrscheinlichkeitsrechnung beruhen, ist keine Fehlerrechnung möglich (der Fehler muss ohne statistische Mittel „beurteilt" werden)
besitzen eine theoretische Fundierung	sind nicht theoretisch zu fundieren
sind eindeutig besser	sind eindeutig schlechter

Bild 1: Gegenüberstellung von Zufallsstichproben und Beurteilungsstichproben / 1, 3, 4 /

Bei den Beurteilungsstichproben werden folgende Verfahren unterschieden:
- Gezielte Auswahl typischer Fälle (typische Auswahl)
- Auswahl nach dem Konzentrationsprinzip („cut-off"-Verfahren)
- Quotenauswahl

Bei der **typischen Auswahl** (Hartung / 1 /) werden Einheiten bestimmt, die für die Grundgesamtheit als typisch gelten. Dieses „als typisch gelten" wird vom Bearbeiter anhand geeigneter Auswahlmerkmale bestimmt, die man aus einer hinreichenden Kenntnis über die Grundgesamtheit gewinnt. Soll z.B. die Investitionsbereitschaft von Betrieben einer Branche ermittelt werden, so könnte man diese so auswählen, dass alle ausgewählten Betriebe die gleiche durchschnittliche Größe aufweisen wie alle Betriebe der Branche.

Bei dem **Konzentrationsprinzip** („cut-off"-Verfahren) werden nur die wesentlichen Einheiten in die Stichprobe einbezogen. Unwesentliche, unbedeutende Einheiten werden nicht berücksichtigt, sie werden abgeschnitten (cut-off). Das Verfahren hat den Sinn, die Grundgesamtheit einzuengen, ohne das dies eine große Auswirkung auf die Aussagen hat. Soll z.B. wieder die Investitionsbereitschaft von Betrieben einer Branche ermittelt werden (vgl. auch Hartung / 1 / und REFA / 2 /) und wird diese hauptsächlich durch einige wenige Großbetriebe bestimmt, so ist es einleuchtend, dass nur diese Betriebe in der Stichprobe berücksichtigt werden.

Bei der **Quotenauswahl** wird die Stichprobe nach bestimmten, bekannten Quoten, also dem Verhältnis, nach dem bestimmte Ausprägungen eines Merkmals in der Stichprobe enthalten sein sollen, ausgewählt. Soll z.B. die Nachfrage nach einem bestimmten Konsumgut ermittelt werden, so kann die Stichprobe geschlechtspezifisch, nach Altersgruppen oder nach Erwerbstätigkeit quotiert werden (vgl. auch Hartung / 1 / und v. Mieses / 5 /).

Da die Beurteilungsstichproben hauptsächlich für Marktforschungsanalysen zum Einsatz kommen und die angegebenen Nachteile besitzen, werden diese in den folgenden Ausführungen nicht weiter berücksichtigt. Für alle weiteren Betrachtungen fordern wir also die Auswahl der Stichprobenelemente nach dem Zufallsprinzip.

1.3.2 Zufallsauswahl

Das Prinzip der Zufallsauswahl bedient sich der Wahrscheinlichkeitsrechnung und erlaubt es, Vertrauensbereiche für die unbekannten Kenngrößen der Grundgesamtheit anzugeben. Es werden folgende Verfahren unterschieden:
- einfache Zufallsstichprobe
- geschichtete Stichprobe
- Klumpenstichprobe

Einfache Zufallsstichprobe: Hierbei wird die Stichprobe so ausgewählt, dass jedes Element die gleiche Chance hat, in die Auswahl zu gelangen. Liegen z.B. 1000 Werkstücke als endliche Grundgesamtheit vor und wir wollen 100 davon zufällig auswählen, so können wir alle Werkstücke von 1 bis 1000 nummerieren. Wir erzeugen nun Zufallszahlen ($0 < Z_i < 1$), multiplizieren diese mit 1000 und runden die Ergebnisse auf. Es ergeben sich Zufallszahlen zwischen 1 und 1000, z.B. wie folgt: 707, 832, 179, 772, 472, 178, 680, 968, 76, ...

Nun werden die Werkstücke mit den entsprechenden Nummern entnommen. Sollte eine Zufallszahl mehrfach erscheinen, wird einfach die Nächste verwendet. In der Literatur werden manchmal noch Tabellen mit Zufallszahlen abgedruckt, in der heutigen Zeit wird man jedoch EDV-Programme verwenden, die entsprechende Zahlen liefern. Das Microsoft Produkt Excel® verfügt z.B. über die Funktion „Zufallszahl( )". Natürlich sind in den beiliegenden Demoversionen ebenfalls Zufallsgeneratoren enthalten.

Geschichtete Zufallsauswahl: Bei einer inhomogenen Stichprobe mit großen Differenzen wird bei einer einfachen Zufallsauswahl die Streuung und damit die Anzahl der notwendigen Messpunkte für eine abgesicherte Aussage sehr groß. In diesem Fall kann die Grundgesamtheit in Schichten aufgeteilt werden, die in sich möglichst homogen, untereinander jedoch heterogen sein sollten.

Bei einer geschichteten Zufallsauswahl wird die Grundgesamtheit vom Umfang N in L Teilmengen (Schichten) vom Umfang N_h zerlegt. Aus jeder Teilmenge wird nun eine Stichprobe von Umfang n_h gezogen und ausgewertet. Das folgende Beispiel soll dies näher erläutern:

In einem Lager liegen Artikel mit stark unterschiedlichen Preisen. Ziel ist es, den mittleren Preis je Produkt zu ermitteln. Würde man eine einfache Zufallsstichprobe ziehen, so wäre der Stichprobenumfang verhältnismäßig groß. Folgende Informationen liegen über das Lager vor:

Anzahl der Artikel	N	= 70.000
Anzahl Artikel im Preissegment 50 bis 100	N_1 = 37.000	(ca. 53 %)
Anzahl Artikel im Preissegment 100 bis 200	N_2 = 23.000	(ca. 33 %)
Anzahl Artikel im Preissegment 200 bis 500	N_3 = 10.000	(ca. 14 %)

Für jede Schicht wurde eine Stichprobe von Umfang $n_1=n_2=n_3=50$ gezogen. Der Gesamtumfang der Stichprobe beträgt also $n=n_1+n_2+n_3=150$. Je Schicht werden z.B. folgende Mittelwerte und Varianzen berechnen:

$$\bar{x}_1 = 75,62 \qquad s_1^2 = 214,2$$
$$\bar{x}_2 = 145,86 \qquad s_2^2 = 788,6$$
$$\bar{x}_3 = 356,8 \qquad s_3^2 = 8201,2$$

Man ermittelt nun den mittleren Artikelpreis wie folgt:

$$\bar{x}_{ges} = \frac{N_1}{N}\cdot \bar{x}_1 + \frac{N_2}{N}\cdot \bar{x}_2 + \frac{N_3}{N}\cdot \bar{x}_3 = 0,53\cdot 75,62 + 0,33\cdot 145,85 + 0,14\cdot 356,8 = 138,2$$

Klumpenstichprobe: Bei der Durchführung dieses Verfahrens wird die Grundgesamtheit in Klumpen (engl. = cluster) zerlegt. Danach werden nach dem Zufallsprinzip einige dieser Klumpen ausgewählt. Erhebt man nun alle Merkmale der ausgewählten Klumpen, so spricht man von einem einstufigen Verfahren, wählt man jedoch innerhalb der Klumpen nochmal nach dem Zufallsprinzip aus, so spricht man von einem mehrstufigen Verfahren. Bei diesem Verfahren sollte jeder Klumpen die Grundgesamtheit im Bezug auf das interessierende Merkmal möglichst gut widerspiegeln.

Mehr über die Erhebung von Stichproben erfahren Sie in Hartung / 1 / Kapitel V „Aspekte der Datengewinnung".

1.4 Merkmalsausprägungen

Bei der Ermittlung von Merkmalen einer Stichprobe können unterschiedliche Methoden zur Anwendung kommen, z.B.:

- Befragung
- Beobachtung von Merkmalen (z.B. Multimomentaufnahme)
- Selbstaufschreibung
- Zählen, Messen oder Schätzen von quantitativen Merkmalen

Je nach angewandter Methode sind natürlich unterschiedliche Messgenauigkeiten und -fehler zu erwarten. Die Auswahl der richtigen Methode sollte sich dabei am späteren Verwendungszweck der Daten orientieren. Will man z.B. die Abmessungen von hochgenauen Einbauteilen messen, wird es nicht ausreichen, ein Lineal zu verwenden, sondern man wird sicherlich Messsysteme zum Einsatz bringen, die eine höhere Messgenauigkeit aufweisen.

Die Objekte (Personen oder Systeme), die befragt oder beobachtet oder an denen Messungen vorgenommen werden, nennt man auch **Untersuchungseinheiten** / 1 /. Bei Multimomentaufnahmen wird auch noch der Begriff **Beobachtungssystem** verwendet. Die Größen oder Eigenschaften, auf die sich die Fragen oder Messungen beziehen, **heißen Merkmale.** Es werden die in Bild 2 dargestellten Merkmalsarten unterschieden.

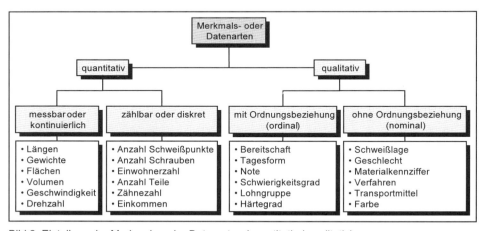

Bild 2: Einteilung der Merkmals- oder Datenarten (quantitativ / qualitativ)

Messbare, kontinuierliche oder auch stetige Merkmale können auf einer Skala jeden beliebigen Wert annehmen. Zwischen zwei Werten kontinuierlicher Merkmale liegen theoretisch unendlich viele weitere Werte.

Zählbare, diskrete Merkmale können auf einer Skala nur ganzzahlige Werte annehmen. Zwischen zwei aufeinanderfolgenden Werten ist kein weiterer Beobachtungspunkt möglich. Die Gesamtzahl diskreter Merkmale kann maximal abzählbar unendlich sein.

Qualitative Merkmale mit Ordnungsbeziehung (ordinal) unterliegen einer gewissen Rangfolge. Die Abstände zwischen den Werten sind dabei unterschiedlich und nicht interpretierbar. Bei Schulnoten etwa kann man sagen, dass ein „gut" besser ist als ein „befriedigend", der Notenabstand kann jedoch nicht interpretiert werden, weil die Merkmale nicht eindeutig bestimmten Leistungen zugeordnet werden können.

Qualitative Merkmale ohne Ordnungsbeziehung (nominal) unterliegen keiner Rangfolge. Es ist nicht möglich, zu sagen, dass die Farbe grün größer oder kleiner ist als die Farbe gelb.

In der Literatur werden die quantitativen Merkmale manchmal auch metrisch skalierte Merkmale genannt. Diese werden teilweise auch noch nach intervallskalierten (ohne absoluten Nullpunkt) und verhältnisskalierten (mit absolutem Nullpunkt) Merkmalen unterschieden.

2 Grundbegriffe der Wahrscheinlichkeitsrechnung

2.1 Grundlagen

Die Wahrscheinlichkeitsrechnung beschäftigt sich mit dem Auftreten zufälliger Ereignisse und ist nach *Laplace* (1749 bis 1827) wie folgt definiert:

Liegt eine Grundmenge Ω (Grundraum, Ereignisraum) von unbeschränkt wiederholbaren Versuchen oder Stichproben vor und sind die Teilmengen von Ω zufällige Ereignisse E, so ist die Wahrscheinlichkeit P (P engl. = probability) für das Eintreten des Ereignisses E wie folgt definiert:

$$P_{(E)} = \frac{g}{m}$$

g : Anzahl der günstigen Ereignisse
m: Anzahl der möglichen Ereignisse

Ein Ereignis, das nur aus einem Element besteht, nennt man Elementarereignis.

Beispiel 1: einfacher Würfelwurf   E = {2, 4, 6}

Ereignisraum Ω = {1, 2, 3, 4, 5, 6}
Elementarereignisse {1}, {2}, {3}, {4}, {5}, {6}.

Gesucht: Wahrscheinlichkeit für das Auftreten einer geraden Zahl: E = {2, 4, 6}

g = 3 , m = 6 $\Rightarrow P_{(E)} = 0{,}5 = 50\%$

Nach v. Mieses / 5 / wird die Wahrscheinlichkeit auch als Grenzwert der relativen Häufigkeit wie folgt definiert:

$$P_{(E)} = \lim_{n \to \infty} \frac{n}{m}$$

n: Anzahl der Beobachtungen des Ereignisses E
m: Anzahl der Beobachtungen insgesamt

Dieser Grenzwert wird auch als **statistische Wahrscheinlichkeit** bezeichnet.

Beispiel 2: einfacher Würfelwurf   E = {1}

Ereignisraum Ω = {1, 2, 3, 4, 5, 6}
Elementarereignisse {1}, {2}, {3}, {4}, {5}, {6},

Gesucht: Wahrscheinlichkeit für das Auftreten einer 1: E = {1}

Folgende Würfe wurden durchgeführt:

n	1	2	3	4	5	6	7	8	9	10	11	12	13	14	15	16	17	18	19	20
P %	100	50	67	50	60	50	57	63	67	60	55	50	46	43	40	38	35	39	37	35
Wurf	1	5	1	5	1	3	1	1	1	3	4	5	3	2	4	4	3	1	5	2
E=1	1		1		1		1	1	1									1		
n	21	22	23	24	25	26	27	28	29	30	31	32	33	34	35	36	37	38	39	40
P %	33	32	30	33	36	35	33	32	31	30	29	28	27	26	26	25	24	26	26	25
Wurf	6	4	4	1	1	2	2	5	3	6	2	3	5	6	6	5	6	1	2	6
E=1				1	1													1		
n	41	42	43	44	45	46	47	48	49	50	51	52	53	54	55	56	57	58	59	60
P %	24	24	23	25	24	24	23	23	22	22	22	23	25	26	25	25	25	24	24	23
Wurf	2	3	3	1	4	3	3	2	2	3	4	1	1	1	6	2	6	4	2	3
E=1				1								1	1	1						
n	61	62	63	64	65	66	67	68	69	70	71	72	73	74	75	76	77	78	79	80
P %	23	23	22	22	22	21	21	21	20	20	20	19	19	19	20	20	19	19	20	20
Wurf	3	3	2	6	6	2	5	6	2	2	2	2	4	4	1	4	4	6	1	6
E=1															1				1	
n	81	82	83	84	85	86	87	88	89	90	91	92	93	94	95	96	97	98	99	100
P %	20	20	19	19	19	19	18	18	18	18	18	17	17	17	17	17	16	16	16	16
Wurf	6	5	4	3	4	3	2	5	5	5	5	2	4	5	3	4	3	6	3	2
E=1																				

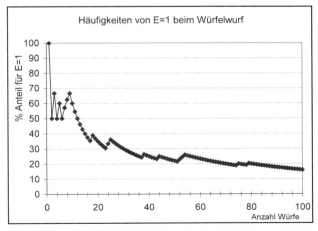

Bild 3: Verlauf der Häufigkeit für das Ereignis E={1} beim Würfelwurf

Man erkennt deutlich, wie sich die relative Häufigkeit dem Wert von 16% nähert. Bei 100 Würfen wurde 16-mal die 1 gewürfelt, dies entspricht einer relativen Häufigkeit von 16%. Um die wahre Häufigkeit von 1/6 exakt zu treffen, müssten unendlich viele Würfe durchgeführt werden.

Für die Wahrscheinlichkeit des Auftretens gewisser Ereignisse gibt es Gesetzmäßigkeiten, die durch folgende Mengenoperationen beschrieben werden können.

$A \cup B$	A oder B oder beides tritt ein	(oder - Funktion)
$A \cap B$	A und B treten ein	(und - Funktion)
$A - B$	A tritt ein ohne B	
$\overline{A} = \Omega - A$	A tritt nicht ein	

Man kann diese Mengenoperatoren auch grafisch darstellen (vgl. Bild 4).

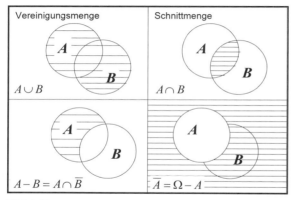

Bild 4: Mengenoperatoren

Ω ist hier die Grundmenge oder auch Grundraum; es ist die Menge aller möglichen Ereignisse und somit das Ereignis, das sicher eintritt.

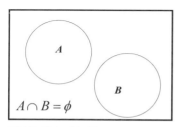

Bild 5: Disjunkte Mengen

$\varnothing$ ist die leere Menge, also eine Menge ohne Elemente.
Zwei Mengen heißen disjunkt, wenn ihre Schnittmenge gleich $\varnothing$ ist.

2.2 Binomial- und hypergeometrische Verteilung

2.2.1 Binomialverteilung

Für zwei Ereignisse A und B, die sich gegenseitig ausschließen, soll gelten:

$$\overline{A} = B$$

Dies gilt z.B. für den einfachen Münzwurf, bei dem die Wahrscheinlichkeiten $P(A)=P(B)=0{,}5$ sind, oder für die Ereignisse $A=\{1\}$ und $B\neq\{1\}$ beim Würfelwurf mit $P(A)=1/6$ und $P(B)=5/6$. Wird nun das Experiment mit zwei, drei oder mehr Würfen durchgeführt, so ergibt sich die Frage, wie hoch die Wahrscheinlichkeit für bestimmte Konstellationen von Ereignissen ist:

Wie hoch ist:
* die Wahrscheinlichkeit für 3-mal Zahl bei drei Münzwürfen?
* für mindestens 2 Einsen bei drei Würfelwürfen?
* für höchstens 2 Einsen bei drei Würfelwürfen?

Betrachten wir einmal die sich aus mehreren Würfen ergebenden Wahrscheinlichkeiten für die Ereignisse. Es sei $P(A)=p$ und $P(B)=1-p=q$.

1 Wurf		A	B		
P		$1p$	$1q$		

2 Würfe		AA	AB	BB	
			BA		
P		$1p^2$	$2pq$	$1q^2$	

3 Würfe		AAA	AAB	ABB	BBB
			ABA	BAB	
			BAA	BBA	
P		$1p^3$	$3p^2q$	$3pq^2$	$1q^3$

4 Würfe	AAAA	AAAB	AABB	ABBB	BBBB
		AABA	ABAB	BABB	
		ABAA	ABBA	BBAB	
		BAAA	BAAB	BBBA	
			BABA		
			BBAA		
P	$1p^4$	$4p^3q$	$6p^2q^2$	$4pq^3$	$1q^4$

Es ergeben sich z.B. beim dreifachen Wurf folgende Wahrscheinlichkeiten:

P(3 mal A) $\quad = \quad p^3$

P(2 mal A und 1 mal B) $\quad = \quad 3p^2q$

P(1 mal A und 2 mal B) $\quad = \quad 3pq^2$

P(3 mal B) $\quad = \quad q^3$

Man sieht deutlich, dass sich die Wahrscheinlichkeiten wie die Terme einer binomischen Formel verhalten. Die Koeffizienten entsprechen den Binomialkoeffizienten und können sukzessiv mit Hilfe des Pascalschen Dreiecks ermittelt werden.

n	Pascalsches Dreieck
0	1
1	1 1
2	1 2 1
3	1 3 3 1
4	1 4 6 4 1
5	1 5 10 10 5 1
6	1 6 15 20 15 6 1
7	1 7 21 35 35 21 7 1
...	... ... $\longrightarrow$ k

Bild 6: Binomialkoeffizienten im Pascalschen Dreieck

Die Formel für die Binomialkoeffizienten lautet wie folgt:

$$\binom{n}{k} \overset{def}{=} \frac{n!}{k!(n-k)!} \quad \text{für } 0 \le k \le n \qquad\qquad \binom{n}{0} = \binom{n}{n} = 1 \quad \text{Weiter gilt:}$$

n ist dabei der Exponent der binomischen Formel und gleichzeitig die Anzahl der Würfe. k ist die Stelle innerhalb der ausmultiplizierten Formel beginnend mit „0".

Beispiel:

$$\binom{6}{4} = \frac{6!}{4!(6-4)!} = \frac{1 \cdot 2 \cdot 3 \cdot 4 \cdot 5 \cdot 6}{1 \cdot 2 \cdot 3 \cdot 4 \cdot (1 \cdot 2)} = \frac{3 \cdot 4 \cdot 5 \cdot 6}{1 \cdot 2 \cdot 3 \cdot 4} = 15$$

Auch die Wahrscheinlichkeiten verhalten sich wie in der Binomischen Formel beschrieben:

$$(p+q)^n = \sum_{k=0}^{n} \binom{n}{k} \cdot p^{n-k} \cdot q^k = \binom{n}{0} \cdot p^n q^0 + \binom{n}{1} \cdot p^{n-1} q^1 + ... + \binom{n}{n} \cdot p^0 q^n = 1$$

Die Wahrscheinlichkeit bei 4 Würfelwürfen, dass das Ereignis A=1 dreimal und das Ereignis B≠1 einmal eintritt, wird also wie folgt berechnet:

$$p_{(X=3)}^{(4)} = \binom{4}{1} \cdot p^3 q^1 = \binom{4}{1} \cdot \left(\frac{1}{6}\right)^3 \cdot \left(\frac{5}{6}\right)^1 = 4 \cdot \frac{1}{216} \cdot \frac{5}{6} = 0,0154321$$

Es gilt die Rechenregel: $\binom{n}{k} = \binom{n}{n-k}$

Also kann man die Wahrscheinlichkeit für das Eintreten der Ereignisse auch wie folgt schreiben:

$$P_x^{(n)} = \binom{n}{x} \cdot p^x q^{n-x}$$

Dies ist die gängige Formel zur Berechnung der Binomialverteilungen. Sie hat den Vorteil, dass mit x direkt die Anzahl des Auftretens des interessierenden Ereignisses eingeht. In der folgenden Tabelle wollen wir einige Werte für Binomialverteilungen zeigen.

Häufigkeiten von Binominalverteilungen [%]												
		x Werte										
n	P(A)	0	1	2	3	4	5	6	7	8	9	10	Summe
4	0,167	48,2	38,6	11,6	1,5	0,1							100
4	0,5	6,3	25,0	37,5	25,0	6,3							100
8	0,167	23,3	37,2	26,0	10,4	2,6	0,4	0,0	0,0	0,0			100
8	0,5	0,4	3,1	10,9	21,9	27,3	21,9	10,9	3,1	0,4			100
10	0,1	34,9	38,7	19,4	5,7	1,1	0,1	0,0	0,0	0,0	0,0	0,0	100
10	0,3	2,8	12,1	23,3	26,7	20,0	10,3	3,7	0,9	0,1	0,0	0,0	100
10	0,5	0,1	1,0	4,4	11,7	20,5	24,6	20,5	11,7	4,4	1,0	0,1	100
20	0,1	12,2	27,0	28,5	19,0	9,0	3,2	0,9	0,2	0,0	0,0	0,0	100
20	0,3	0,1	0,7	2,8	7,2	13,0	17,9	19,2	16,4	11,4	6,5	3,1	98,29

Bild 7: Häufigkeiten von Binomialverteilungen

Wie man sieht, sind die Verteilungen mit P(A)=0,5 symmetrisch, Verteilungen mit P(A)<0,5 sind rechtsschief, diejenigen mit P(A)>0,5 aufgrund der Symmetrie linksschief.

Aus der Grafik geht hervor, dass bei zunehmender Anzahl der Versuche die Verteilungen immer mehr einer Normalverteilung ähneln. Tatsächlich wird in der Literatur / 1, 2 / als Bedingung für die Annäherung Folgendes genannt:

$$n \cdot p \cdot (1 - p) \geq 9$$

Ist dies erfüllt, geht man näherungsweise von einer Normalverteilung aus.

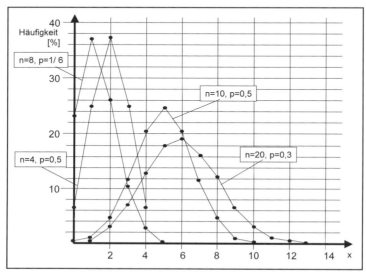

Bild 8: Binomialverteilung

Worin liegt nun der Nutzen über die Kenntnis dieser Sachzusammenhänge? Im Folgenden ein paar Beispiele:

Beispiel 3: Künstliche Befruchtung

Die Wahrscheinlichkeit, durch künstliche Befruchtung schwanger zu werden, beträgt p=0,35. Wie groß ist die Wahrscheinlichkeit P(A), dass nach 5 Versuchen mindestens ein erfolgreicher Versuch auftritt?

$$P(A) = \binom{5}{1} \cdot p^1 \cdot q^4 + \binom{5}{2} \cdot p^2 \cdot q^3 + \binom{5}{3} \cdot p^3 \cdot q^2 + \binom{5}{4} \cdot p^4 \cdot q^1 + \binom{5}{5} \cdot p^5 \cdot q^0$$

Da die Summe aller Wahrscheinlichkeiten einer Binomialverteilung immer gleich 1 ist, kann man auch die Wahrscheinlichkeit für 5 erfolglose Versuche berechnen und diesen Wert von 1 abziehen.

$$P(A) = 1 - \binom{5}{0} \cdot p^0 \cdot q^5 = 1 - 1 \cdot 0{,}65^5 = 0{,}884$$

Beispiel 4: Ausschussteile

Bei der Fertigung eines Produkts beträgt die Wahrscheinlichkeit für Ausschussteile p=0,08=8%. Wie groß ist die Wahrscheinlichkeit, dass unter 120 Teilen höchstens 3 Ausschussteile auftreten?

$$P(A) = \binom{120}{0} \cdot 0{,}08^0 \cdot 0{,}92^{120} + \binom{120}{1} \cdot 0{,}08^1 \cdot 0{,}92^{119} + \binom{120}{2} \cdot 0{,}08^2 \cdot 0{,}92^{118} + \binom{120}{3} \cdot 0{,}08^3 \cdot 0{,}92^{117}$$

$$P(A) = 0{,}0000451377 + 120 \cdot 0{,}08 \cdot 0{,}000049063 + 7140 \cdot 0{,}0064 \cdot 0{,}000053329 + 280840 \cdot 0{,}000512 \cdot 0{,}000057966$$
$$P(A) = 0{,}011288$$

Beispiel 5: Urne mit Kugeln

In einer Urne befinden sich 3 blaue und 7 gelbe Kugeln. Es wird nun n=4 mal eine Kugel gezogen und wieder zurückgelegt. Wie groß ist die Wahrscheinlichkeit, dass 3 mal eine blaue Kugel gezogen wird?

$$P(A = blau) = p = \frac{3}{10} = 0{,}3$$

$$P(A) = \binom{4}{3} \cdot 0{,}3^3 \cdot 0{,}7^{(4-3)} = 4 \cdot 0{,}027 \cdot 0{,}7 = 0{,}0756$$

$$P(A = gelb) = q = \frac{7}{10} = 0{,}7$$

Wie man an dem letzten Beispiel sieht, beschreibt die Binomialverteilung das Auftreten eines qualitativen Merkmals aus einem gegebenen Ereignisumfang mit Zurücklegen.

2.2.2 Hypergeometrische Verteilung

Im Gegensatz zur Binomialverteilung werden die Wahrscheinlichkeiten von qualitativen Merkmalen ohne Zurücklegen mit der **hypergeometrischen Verteilung** beschrieben:

$$P_x(N,M,n) = \frac{\binom{M}{x} \cdot \binom{N-M}{n-x}}{\binom{N}{n}}$$

N   Gesamtzahl der Kugeln
M   Anzahl der weißen Kugeln
N-M   Anzahl der nicht weißen Kugeln
n   Anzahl der gezogenen Kugeln ohne Zurücklegen
x   Anzahl der weißen Kugeln unter den gezogenen Kugeln
n-x   Anzahl der nicht weißen Kugeln unter den gezogenen Kugeln

Im Folgenden wollen wir einige Beispiele für die Anwendung der hypergeometrischen Verteilung vorstellen.

Beispiel 6: 6 Richtige im Lotto

In der Lotto-Urne befinden sich 49 Kugeln. Wie groß ist die Wahrscheinlichkeit, 6 Richtige zu tippen?

Dies ist gleichzusetzen mit der Wahrscheinlichkeit, aus 49 Kugeln 6 weiße zu ziehen, wenn unter den 49 Kugeln exakt 6 weiße vorhanden sind. Es gilt Folgendes:

N=49   M=6   n=6   x=6

$$P_6(49,6,6) = \frac{\binom{6}{6} \cdot \binom{49-6}{6-6}}{\binom{49}{6}} = \frac{1}{13983816}$$

Die Wahrscheinlichkeit beträgt also ca. 1 zu 14 Millionen.

Beispiel 7: 3 Richtige im Lotto

In der Lotto-Urne befinden sich 49 Kugeln. Wie groß ist die Wahrscheinlichkeit genau 3 Richtige zu tippen?

Dies ist gleichzusetzen mit der Wahrscheinlichkeit, aus 49 Kugeln genau 3 weiße zu ziehen, wenn unter den 49 Kugeln exakt 6 weiße vorhanden sind. Es gilt Folgendes:

N=49   M=6   n=6   x=3

$$P_6(49,6,3) = \frac{\binom{6}{3} \cdot \binom{49-6}{6-3}}{\binom{49}{6}} = \frac{20 \cdot 12341}{13983816} = 0{,}01765$$

Die Wahrscheinlichkeit, genau 3 Richtige im Lotto zu tippen, liegt also unter 2% je Tipp.

3 Analyse qualitativer Daten (Zählstichproben)

Qualitative Daten haben z.B. folgende Merkmale und Merkmalsausprägungen:

Merkmal: Schweißlage
Ausprägungen: Wannenlage, Überkopflage, senkrecht, waagerecht, ...

Merkmal: Geschlecht
Ausprägungen: männlich, weiblich

Merkmal: Farbe
Ausprägungen: rot, grün, gelb, blau,...

Merkmal: Betriebszustand
Ausprägungen: produktiv, Beschickung, Rüsten, Störung 1, Störung 2,...

Merkmal: Transportmittel
Ausprägungen: Fahrrad, PKW, LKW, Flugzeug, Schiff, Handkarre,...

Merkmal: Geschmack
Ausprägungen: sauer, süß, bitter, salzig

Merkmal: Schulnote
Ausprägungen: sehr gut, gut, befriedigend, ausreichend, mangelhaft, ungenügend

Merkmal: Schwierigkeitsgrad
Ausprägungen: sehr leicht, leicht, mittelschwer, schwer, sehr schwer

Merkmal: Wirbeltiere
Ausprägungen: Fische, Amphibien, Reptilien, Vögel, Säugetiere

Merkmal: Qualität
Ausprägungen: minderwertig, ausreichend, befriedigend, gut, hochwertig

Qualitative Merkmale werden u.a. im Rahmen von Multimomentaufnahmen nach REFA erfasst und ausgewertet.

3.1 Häufigkeit von Merkmalsausprägungen

Bei der Untersuchung qualitativer Daten werden jeweils die Häufigkeiten der verschiedenen Merkmalsausprägungen ermittelt.

Beispiel 8: Untersuchung der Produktivität

In einer mechanischen Fertigung soll ermittelt werden, wie hoch die Auslastung der Fertigungsanlagen ist und in welchem Maße diese Auslastung durch Störungen beeinträchtigt wird. Es wurden folgende Elementarereignisse und deren Häufigkeiten im Rahmen einer Multimomentaufnahme ermittelt.

Nr.	Elementarereignisse	x Beob. Summe	Beob.- anteil [%]
1	Maschine läuft, Hauptzeit	990	45,96
2	Beschicken	280	13,00
3	Werkstück auf Maschine handhaben	188	8,73
4	Masch. verfahren, position., einst.	189	8,77
5	Werkzeugwechsel	93	4,32
6	Masch. gelegentlich reinigen	62	2,88
7	Dienstgespräche	56	2,60
8	Palette/Behälter Wechsel/Transport	42	1,95
9	Reparaturarbeiten	25	1,16
10	Erholungsbedingtes Unterbrechen	5	0,23
11	Persönlich bedingtes Unterbrechen	56	2,60
12	Außer Einsatz	70	3,25
13	Maschine rüsten	45	2,09
14	Reinigen Schichtbeginn / -ende	53	2,46
	Stichprobenumfang n	2154	100,00

Bild 9: Auslastung von Fertigungsanlagen

Hierzu wurden Rundgänge nach dem Zufallsprinzip durchgeführt (vgl. REFA / 6 /). Wie man sieht, wurde 990 mal beobachtet, dass eine Maschine läuft. Wurden z.B. 6 Maschinen beobachtet, so könnten sich diese Beobachtungen wie folgt verteilen: M1=145, M2=178, M3=167, M4=155, M5=149 und M6= 196. Bei insgesamt 2154 durchgeführten Beobachtungen entspricht dies einem Hauptzeitanteil von 45,96 % für diese Fertigung insgesamt. Man sagt auch, der Anteilswert für „Maschine läuft" beträgt

$$\hat{p} = \frac{x}{n} = 0{,}4596 = 45{,}96\%$$

x: Absolute Häufigkeit vom Ereignis „Maschine läuft"
n: Stichprobenumfang

Die Anteilswerte je Maschine weichen im Allgemeinen von diesem Wert ab.

3.2 Vertrauensbereich für den Anteilswert

Es stellt sich die Frage, wie gut dieser ermittelte Anteilswert mit dem tatsächlichen Anteil des Ereignisses an der Grundgesamtheit übereinstimmt. Man sagt auch: wie gut wird der tatsächliche Anteil an der Grundgesamtheit durch den ermittelten Häufigkeitswert abgeschätzt?

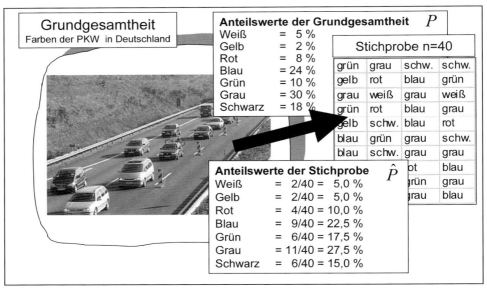

Bild 10: Grundgesamtheit und Stichprobe bei qualitativen Daten

Für diese Abschätzung wird ein sogenannter Vertrauensbereich berechnet. **Der Vertrauensbereich ist ein Bereich um den Anteilswert herum, für den mit einer gewissen Wahrscheinlichkeit (1-α) gesagt werden kann, dass der wahre aber unbekannte Anteilswert der Grundgesamtheit innerhalb dieses Bereiches liegt.**

Umgekehrt heißt dies natürlich, dass der wahre Anteilswert der Grundgesamtheit mit einer gewissen Wahrscheinlichkeit α außerhalb dieses Bereiches liegt. Der Vertrauensbereich stellt also mit einer gewissen Wahrscheinlichkeit die maximale Abweichung zwischen Stichproben- und Grundgesamtheitswert dar. In der betrieblichen Praxis hat man sich darauf geeinigt, dass eine Wahrscheinlichkeit von (1-α)=95% ausreicht. Das heißt in 95% aller Fälle soll der wahre Anteilswert der unbekannten Grundgesamtheit innerhalb der Vertrauensbereichsgrenzen liegen und nur in α=5% der Fälle darf er außerhalb liegen.

Der Vertrauensbereich für den Anteilswert p, häufig auch mit f bezeichnet wird nach folgender Formel berechnet·

$$\frac{VB}{2} = f = \pm u_{\left(1-\frac{\alpha}{2}\right)} \cdot \sqrt{\frac{\hat{p} \cdot (1 - \hat{p})}{n}}$$

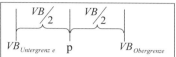

$u_{\left(1-\frac{\alpha}{2}\right)}$: zweiseitiger kritischer Wert aus der Verteilungsfunktion der Normal-

verteilung

$\hat{p}$: Anteilswert der Stichprobe (nicht in % eintragen, z.B. 45% ➜ $\hat{p} = 0,45$)

n: Anzahl Messungen

Für α = 5% ist der Wert für u = 1,96. In unserem Beispiel berechnet sich der Vertrauensbereich für das Ereignis „Maschine läuft" wie folgt:

$$\frac{VB}{2} = \pm 1,96 \cdot \sqrt{\frac{0,4596 \cdot (1 - 0,4596)}{2154}} = \pm 1,96 \cdot \sqrt{\frac{0,24837}{2154}} = \pm 0,02097 = \pm 2,097\%$$

Der wahre, jedoch unbekannte Anteilswert der Grundgesamtheit liegt also mit einer Wahrscheinlichkeit von 95% zwischen 43,86 % und 48,07 %.

Geforderter Vertrauensbereich

Häufig wird ein bestimmter Wert für den Vertrauensbereich f´ gefordert. Wenn dieser Wert noch nicht erreicht werden konnte, ist es notwendig, weitere Stichprobenwerte zu erheben. Häufig stellt sich hier die Frage, wie groß die Stichprobe sein muss, damit der geforderte Wert f̀ erreicht wird. Hierzu stellt man die Formel für die Berechnung des VB nach n um. Es ergibt sich Folgendes:

$$(f')^2 = \left(u_{\left(1-\frac{\alpha}{2}\right)}\right)^2 \cdot \frac{\hat{p} \cdot (1 - \hat{p})}{n'} \qquad \text{umgestellt nach n´ ergibt sich}$$

$$n' = \left(u_{\left(1-\frac{\alpha}{2}\right)}\right)^2 \cdot \frac{\hat{p} \cdot (1 - \hat{p})}{(f')^2}$$

f´:   geforderter halber Vertrauensbereich
$u_{\left(1-\frac{\alpha}{2}\right)}$: zweiseitiger kritischer Wert aus der Verteilungsfunktion der Normal-

verteilung

$\hat{p}$: Anteilswert der Stichprobe
n: Anzahl Messungen zum Erreichen des erforderlichen Vertrauens-
       bereichs.

Für unser Beispiel 8 ergibt sich für den Anteilswert „Maschine läuft" und einem geforderten Vertrauensbereich von 0,02 Folgendes:

$$n' = \left(u_{\left(1-\alpha/2\right)} \right)^2 \cdot \frac{\hat{p} \cdot (1-\hat{p})}{(f')^2} = \frac{1,96^2 \cdot 0,4596 \cdot (1-0,4596)}{0,02^2} = \frac{3,8416 \cdot 0,24837}{0,0004} = 2386$$

Da bereits 2154 Beobachtungen durchgeführt wurden, sind voraussichtlich noch 232 Beobachtungen erforderlich.

Die angegebenen Berechnungen lassen sich natürlich für jeden Anteil des obigen Beispiels durchführen. Das Ergebnis sieht dann folgendermaßen aus:

Nr.	Elementarereignisse	x Beob. Summe	Beob.-Anteil [%]	noch notw. Beob.	f absol. [%]	VBu [%]	VBo [%]
1	Maschine läuft, Hauptzeit	990	45,96	232	2,10	43,86	48,06
2	Beschicken	280	13	0	1,42	11,58	14,42
3	Werkstück auf Maschine handhaben	188	8,73	0	1,19	7,54	9,92
4	Masch. verfahren, position., einst.	189	8,77	0	1,19	7,58	9,96
5	Werkzeugwechsel	93	4,32	0	0,86	3,46	5,18
6	Masch. gelegentlich reinigen	62	2,88	0	0,71	2,17	3,59
7	Dienstgespräche	56	2,6	0	0,67	1,93	3,27
8	Palette/Behälter Wechsel/Transport	42	1,95	0	0,58	1,37	2,53
9	Reparaturarbeiten	25	1,16	0	0,45	0,71	1,61
10	Erholungsbedingtes Unterbrechen	5	0,23	0	0,20	0,03	0,43
11	Persönlich bedingtes Unterbrechen	56	2,6	0	0,67	1,93	3,27
12	Außer Einsatz	70	3,25	0	0,75	2,50	4,00
13	Maschine rüsten	45	2,09	0	0,60	1,49	2,69
14	Reinigen Schichtbeginn / -ende	53	2,46	0	0,65	1,81	3,11
	Stichprobenumfang n	2154	100				

Bild 11: Gesamtergebnis einer Multimomentaufnahme

Bei einer Multimomentaufnahme nach REFA / 6 / wird natürlich nicht nur das Gesamtergebnis ausgewiesen, sondern jedes einzelne Beobachtungssystem oder beliebige Gruppierungen dieser Systeme können mit Hilfe der EDV ausgewertet werden.

Nr	Beobachtungssysteme Beschreibung	Beob. Summe	Beob. Anteil [%]	0...80 %
1	Bügelsägemaschine 1	49	47,57	
2	Bügelsägemaschine 2	41	40,20	
3	Kreissägemaschine 1	57	55,88	
4	Kreissägemaschine 2	52	50,98	
5	Drehmaschine konv. 1	40	39,60	
6	Drehmaschine konv. 2	41	41,41	
7	Drehmaschine konv. 3	40	40,00	
8	Drehmaschine CNC 1	61	61,00	
9	Drehmaschine CNC 2	56	56,00	
10	Ständerbohrmaschine	34	33,66	

Bild 12: Anteile des Ereignisses „Hauptzeit" der verschiedenen Beobachtungssysteme

Durch Gruppierungen ergeben sich Aussagen über Gruppen von Beobachtungssystemen (z.B. Abteilungen) oder Zusammenfassungen von Ablaufarten.

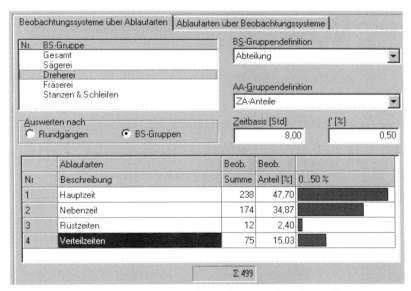

Bild 13: Häufigkeiten gruppierter Ablaufarten (Merkmale) nach Abteilungen

Der Begriff Ablaufart wird nach REFA / 6 / für verschiedene Tätigkeits- oder Merkmalsarten benutzt. Eine Hauptzeit ist z.B. eine Zeit, in der ein Arbeitsgegenstand im Sinne des Auftrags in seinen Eigenschaften planmäßig verändert wird.

3.3 Vertrauensbereich für die Differenz zweier Anteilswerte

Wenn man mehrere Stichproben zieht, z.B. zu unterschiedlichen Zeitpunkten, so ergeben sich zwangsläufig abweichende Anteilswerte. Es stellt sich nun die Frage, ob die Unterschiede in den Anteilswerten zufällig entstanden sind, oder ob eine signifikante (wesentliche) Veränderung vorliegt. Hierzu ein Beispiel:

Beispiel 9: Differenz zweier Anteilswerte

Bei einer Produktion wurde eine erste Stichprobe von $n_1=600$ Teilen auf bestimmte Fehler untersucht und 48 Teilen mindestens ein Fehler festgestellt, so dass der Anteil fehlerhafter Teile wie folgt berechnet wurde:

$$\hat{p}_1 = \frac{48}{600} = 0,08 = 8,0\%$$

Eine Woche später wurde eine zweite Stichprobe von $n_2=500$ Teile mit 70 Fehlteilen ermittelt. In diesem Fall berechnet sich der Fehleranteil wie folgt:

$$\hat{p}_2 = \frac{70}{500} = 0,14 = 14,0\%$$

Es stellt sich nun die Frage, ob sich die Qualität der Produktion signifikant verschlechtert hat oder nicht. Zur Beantwortung wird der Vertrauensbereich für die Differenz der beiden Anteilswerte wie folgt gebildet:

$$\left(\frac{VB}{2}\right)_{diff} = \pm u_{1-\alpha/2} \cdot \sqrt{\frac{\hat{p}_2 \cdot (1-\hat{p}_2)}{n_2} + \frac{\hat{p}_1 \cdot (1-\hat{p}_1)}{n_1}}$$

Man kann nun die Unter- und Obergrenze für den Vertrauensbereich der Differenzen berechnen:

$$(p_2 - p_1)_{unten}^{oben} = \hat{p}_2 - \hat{p}_1 \pm u_{1-\alpha/2} \cdot \sqrt{\frac{\hat{p}_2 \cdot (1-\hat{p}_2)}{n_2} + \frac{\hat{p}_1 \cdot (1-\hat{p}_1)}{n_1}}$$

Für unser Beispiel ergeben sich folgende Grenzen:

$$(p_2 - p_1)_{unten} = 2,26\% \qquad \text{und} \qquad (p_2 - p_1)_{oben} = 9,74\%$$

Da die Differenz zu 95% zwischen 2,26% und 9,74% liegt, kann man von einer signifikanten Erhöhung des Fehleranteils und damit von einer Qualitätsverschlechterung ausgehen. Beim umgekehrten Fall (beide Grenzen negativ) würde man von einer Verbesserung ausgehen. Haben Unter- und Obergrenze verschiedene Vorzeichen, deutet dies auf keine Veränderung hin.

4 Beschreibende (deskriptive) Statistik

4.1 Grundlegende Begriffe

In Abschnitt 1 und 3 fielen bereits die Begriffe **Stichprobe** und **Grundgesamtheit**. Entsprechend dieser Begriffe wird in der Statistik zwischen **beschreibender** (deskriptiver) und **schließender** Statistik unterschieden. Die beschreibende Statistik stellt Methoden zur Verfügung, die dazu dienen, die Stichprobe zu beschreiben, also Aussagen über das erhobene Datenmaterial zu gewinnen. Diese Methoden sind gleichzeitig auch die Vorstufe zur schließenden Statistik, die Aussagen und Schlüsse über die unbekannte Grundgesamtheit liefert.

Bevor wir uns mit den Methoden der beschreibenden Statistik auseinandersetzen, wollen wir uns zunächst mit der Definition von grundlegenden Begriffen beschäftigen.

4.2 Darstellung statistischer Daten mit Häufigkeiten

Für die übersichtliche Darstellung der erhobenen Daten bieten sich Tabellen und Grafiken an. Wir wollen im Folgenden die Möglichkeiten der Darstellung der verschiedenen Merkmalsausprägungen anhand von Beispielen aufzeigen.

Beispiel 10: Verkehrsmittel

Die Mitarbeiter einer Firma werden gefragt, wie sie zur Arbeitsstelle gelangen. Zur Auswahl stehen folgende Möglichkeiten: zu Fuß, Fahrrad, PKW, Taxi, öffentliches Verkehrsmittel. Sollte eine Kombination vorliegen, also der Fall „zu Fuß und mit öffentlichem Verkehrsmittel" so soll immer das Verkehrsmittel angegeben werden, mit dem die größte Strecke zurückgelegt wird. Nach der Befragung ergab sich das im Bild 14 dargestellte Ergebnis: Man kann sagen, dass die Häufigkeit für das Merkmal „zu Fuß" 35 beträgt. Man spricht hier von der **absoluten Häufigkeit**.

zu Fuß	35	21,88%
Fahrrad	22	13,75%
PKW	48	30,00%
Taxi	3	1,88%
öffentliches Verkehrsmittel	52	32,50%
Summe der Befragten	160	100,00%

Bild 14: Absolute und relative Häufigkeiten

37

Will man wissen, wie hoch der Anteil der Ausprägung „zu Fuß" an der Summe der Befragten ist, muss man die 35 auf die Summe 160 beziehen. Man erhält die Verhältniszahl 35/160 = 0,21875 = 21,875%, dies ist die **relative Häufigkeit**.

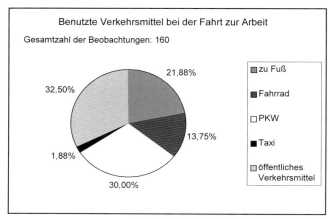

Bild 15: Darstellung statistischer Daten als Kreisdiagramm

Soll dieser Zusammenhang grafisch dargestellt werden, so könnte das wie in Bild 15 aussehen. Anstelle der relativen Häufigkeiten hätte man natürlich auch die absoluten Häufigkeiten darstellen können.

Eine weitere Möglichkeit der Darstellung wird in Bild 16 gezeigt. Diese Grafik wird auch als Stab-, Säulen- oder Balkendiagramm oder auch als Histogramm bezeichnet.

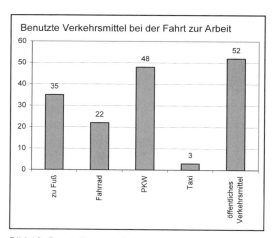

Bild 16: Darstellung statistischer Daten als Stabdiagramm

Neben diesen beiden grundsätzlichen Darstellungen existiert noch eine Vielzahl anderer Abbildungsmöglichkeiten, von denen wir einige in Bild 17 vorstellen wollen. Um eine verständliche Visualisierung zu erzielen, sollte je nach Anwendungsfall eine möglichst geeignete Darstellung gewählt werden.

Für die praktische Anwendung empfehlen wir, entsprechende Softwareprodukte einzusetzen. Für die hier gezeigten Grafiken wurde z.B. Excel® von Microsoft verwendet.

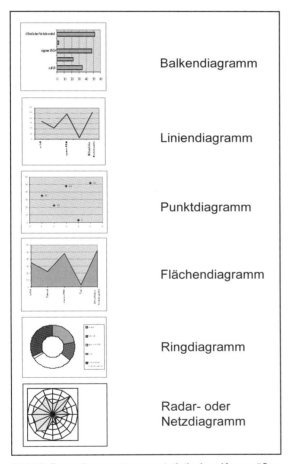

Balkendiagramm

Liniendiagramm

Punktdiagramm

Flächendiagramm

Ringdiagramm

Radar- oder Netzdiagramm

Bild 17: Darstellungsarten von statistischen Kenngrößen

Bei dem obigen Beispiel 10 handelte es sich um qualitative Merkmale ohne Ordnungsbeziehung. Bei den qualitativen Merkmalen mit Ordnungsbeziehung und bei den quantitativen Merkmalen empfiehlt es sich, die Merkmalsausprägungen der Größe nach zu sortieren.

Die Schüler einer Jahrgangsstufe wurden nach ihren Noten im Fach Mathematik untersucht. Es ergab sich folgendes Bild:

Zeugnisnoten einer Jahrgangsstufe				
	Häufigkeiten		Summen-häufigkeiten	
Note	Abs.	Rel.	Abs.	Rel.
Sehr gut	6	6,52%	6	6,52%
gut	12	13,04%	18	19,57%
befriedigend	24	26,09%	42	45,65%
ausreichend	33	35,87%	75	81,52%
mangelhaft	15	16,30%	90	97,83%
ungenügend	2	2,17%	92	100,00%
Summe	92	100,00%		

Bild 18: Häufigkeiten von Zeugnisnoten

Hier wurden die Ausprägungen der Größe nach sortiert. Auf diese Weise bietet sich die Möglichkeit, sie als so genannte **Summenhäufigkeiten** darzustellen. Diese geben an, wie viele Schüler mindestens ein bestimmtes Merkmal erfüllt haben. Die Spalte der absoluten Summenhäufigkeiten wird wie folgt berechnet:

sehr gut $\rightarrow$ 6
mindestens gut $\rightarrow$ 6+12 = 18
mind. befriedigend $\rightarrow$ 18+24 = 42

Wie man sieht, erreichen 42 Schüler mindestens „befriedigend", dies entspricht 45,65 %. Auch diese Summenhäufigkeiten können wir grafisch darstellen, wobei sowohl die absoluten als auch die relativen Verläufe abgebildet werden.

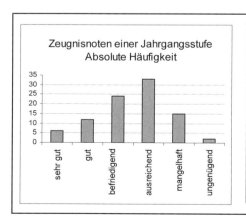
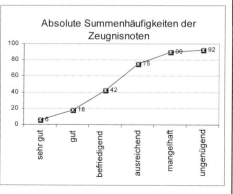

Bild 19: Absolute Häufigkeit und absolute Summenhäufigkeit von Zeugnisnoten

Die Folge der relativen Summenhäufigkeiten bestimmt die sogenannte empirische Verteilungsfunktion oder auch Summenhäufigkeitsfunktion. Die Häufigkeitsverteilungen bei quantitativen Merkmalen werden immer dann unübersichtlich, wenn ein Merkmal in sehr vielen Ausprägungen auftritt. Dies gilt insbesondere für kontinuierliche oder stetige Merkmale.

Beispiel 12: Konservendosen	Datei: Stqm0010 Konservendosen.MDD

Beim Abfüllen von Konserven wurden die Inhalte von 80 zufällig ausgewählten Dosen mit einer Präzisionswaage gewogen. Es ergaben sich folgende Messwerte:

Lfd.Nr. i	Masse [g] x_i	Lfd.Nr. i	Masse [g] x_i	Lfd.Nr. i	Masse [g] x_i	Lfd.Nr. i	Masse [g] x_i
1	503,5	21	503,3	41	503,2	61	502,4
2	502,8	22	502,6	42	503,0	62	503,2
3	502,8	23	502,7	43	502,2	63	502,7
4	501,8	24	502,7	44	503,2	64	502,7
5	503,1	25	501,7	45	502,4	65	502,5
6	502,6	26	502,0	46	503,8	66	502,4
7	501,7	27	502,5	47	503,5	67	502,2
8	503,1	28	502,2	48	503,6	68	502,7
9	501,7	29	502,6	49	502,3	69	502,3
10	502,8	30	502,7	50	502,4	70	503,1
11	502,6	31	502,9	51	502,2	71	502,5
12	503,0	32	502,2	52	502,9	72	502,2
13	503,8	33	501,8	53	501,7	73	503,1
14	502,6	34	502,4	54	502,7	74	502,3
15	502,1	35	502,1	55	503,5	75	502,3
16	502,5	36	502,5	56	502,0	76	503,3
17	502,4	37	502,2	57	504,1	77	502,5
18	502,5	38	503,3	58	503,2	78	502,7
19	502,7	39	502,7	59	502,8	79	502,8
20	503,0	40	503,0	60	502,1	80	501,3

Bild 20: Inhalte von Konservendosen

Wollte man diese Stichprobe nach der bisherigen Methode abbilden, würde man eine aufgrund der Datenmenge unübersichtliche Darstellung erhalten. Aus diesem Grund werden die Ausprägungen in sogenannten Klassen zusammengefasst, wobei folgende Vorgehensweise sinnvoll ist:

1. Auswahl des Intervalls, in dem alle Beobachtungswerte liegen
In unserem Beispiel liegen die Werte in folgendem Bereich: $501{,}3 \leq x_i \leq 504{,}1$.
Sinnvollerweise legt man hier die Intervalluntergrenze auf $I_U=501$ und die Obergrenze auf $I_O=504{,}5$ fest.

2. Festlegung der Anzahl der Klassen
Die Anzahl der Klassen sollte nicht kleiner als 5 und nicht größer als 20 sein. Als Faustformel kann man nach REFA / 2 / folgendes annehmen: Klassenanzahl $k = \sqrt[3]{n}......\sqrt[2]{n}$. In unserem Fall für n=80 also 4 bis 9. Legen wir die Klassenzahl mit k=7 fest, erhalten wir eine glatte Klassenbreite von genau 0,5. Aufgrund der übersichtlicheren Darstellung ist es also sinnvoll, die Klassenanzahl so zu wählen, dass sich „glatte" Klassenbreiten ergeben.

3. Berechnung der Klassenbreite w
Hierzu wird die Intervallbreite durch die Anzahl der Klassen dividiert:

$$w = \frac{I_o - I_u}{k} = \frac{504{,}5 - 501}{7} = 0{,}5$$

Jede dieser so definierten Klassen ist eindeutig durch Klassenunter- und Obergrenze, Klassenbreite und Klassenmitte bestimmt. Jetzt muss noch festgelegt werden, zu welcher Klasse die Werte gehören, die auf der Grenze zwischen zwei Klassen liegen. Es gilt immer: Werte auf der
- Untergrenze der untersten Klasse gehören zur untersten Klasse
- Obergrenze der obersten Klasse gehören zur obersten Klasse.

Folgende weitere Fälle können unterschieden werden: Werte auf der Grenze zwischen zwei Klassen gehören jeweils
- zur unteren Klasse
- zur oberen Klasse
- je zur Hälfte zu den beiden angrenzenden Klassen.

Für unser Beispiel wählen wir den ersten Fall. Für die manuelle Ermittlung der Klassenhäufigkeiten kann man eine Strichliste anfertigen.

Klasse	KUi	KOi	Strichliste	Häufigkeiten		Summenhäufigkeit	
				abs.	rel.	abs.	rel.
1	501,0	501,5	|	1	1,3%	1	1,3%
2	501,5	502,0	JHT |||	8	10,0%	9	11,3%
3	502,0	502,5	JHT JHT JHT JHT JHT ||	27	33,8%	36	45,0%
4	502,5	503,0	JHT JHT JHT JHT JHT |	26	32,5%	62	77,5%
5	503,0	503,5	JHT JHT ||||	14	17,5%	76	95,0%
6	503,5	504,0	|||	3	3,8%	79	98,8%
7	504,0	504,5	|	1	1,3%	80	100,0%

Bild 21: Manuelle Ermittlung der Klassenhäufigkeiten

Will man sich diese Mühe sparen, dann verwendet man eine entsprechende Software, die die Klassierung der Daten und die entsprechende grafische Darstellung automatisch erledigt.

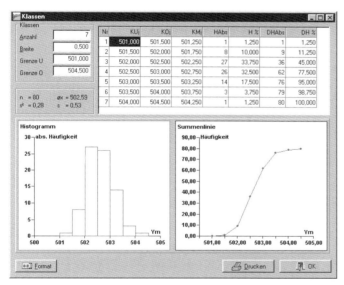

Bild 22: Klassenhäufigkeiten und Summenlinie mit REGRESSA (Werkbild DRIGUS)

Generell sollte man alle Klassen mit gleicher Breite wählen. In Ausnahmefällen kann es jedoch sinnvoll sein, unterschiedlich breite Klassen festzulegen /vgl. 1, Seite 26/. Bei der Darstellung der Klassen kann man natürlich auch die relativen Häufigkeiten verwenden. Diese lassen sich je Klasse wie folgt berechnen:

Relative Klassenhäufigkeit der Klasse i: $h_i = \dfrac{H_i}{n}$

mit H_i $\Rightarrow$ Anzahl der Werte in der Klasse i

   n $\Rightarrow$ Anzahl der Werte insgesamt

Neben der Darstellung der Häufigkeiten ist sicherlich auch die Summenlinie oder empirische Verteilungsfunktion von Interesse. Diese kann wiederum mit absoluten oder auch relativen Werten dargestellt werden. Sie gibt an, wie viele Werte (absolut) oder wie viel Prozent der Werte (relativ) kleiner sind als der jeweilige Wert der oberen Klassengrenze. Man kann z.B. sagen, dass 36 Werte oder 45 % der Werte kleiner sind als die Obergrenze der 3. Klasse (502,5). Die grafische Darstellung von Zeiten als Histogramm oder Summenlinie wird bei der Bildung von Planzeitbausteinen nach REFA zur Beurteilung herangezogen.

4.3 Lagemaße von Häufigkeitsverteilungen

Lagemaße kennzeichnen die Lage bestimmter statistischer Kenngrößen einer Stichprobe. Sie geben Auskunft über die Größenordnung der Messwerte und geben an, wo der mittlere Wert des Datenmaterials liegt.

Folgende Lagemaße werden hier unterschieden:
- der Modalwert
- der Zentralwert oder auch Median
- das α-Quantil
- das arithmetische Mittel
- das geometrische Mittel.

4.3.1 Modalwert

Der Modalwert ist definiert als der häufigste Wert einer Beobachtungsreihe. Bei klassierten Werten wird der Modalwert als die Klassenmitte der am dichtesten besetzten Klasse definiert.

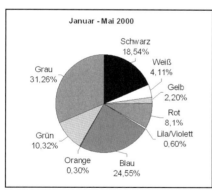

Bild 23: Anteil der Farben bei fabrikneu zugelassenen PKW (Quelle Kraftfahrtbundesamt)

Bei qualitativen Merkmalen ohne Ordnungsbeziehung (nominal) ist der Modalwert das einzige Lagemaß. Betrachtet man z.B. die Farben der in Deutschland im Jahr 2000 zugelassenen PKW, so ist der Anteil der grauen Fahrzeuge mit 31,26 % (Bild 23) am größten. Will man nun den absoluten Modalwert wissen, so muss man noch die Anzahl der zugelassenen Fahrzeuge für den genannten Zeitraum kennen. Wurden z.B. 1,4 Mio. Fahrzeuge zugelassen, so ergibt sich der absolute Modalwert zu 0,443 Mio. (0,312 · 1,4 Mio.)

In unserem Beispiel 12 mit den Konservendosen ist der Modalwert der klassierten Daten die Klassenmitte der 4. Klasse, also 502,75. Der Modalwert der Messwerte ist jedoch 502,7, weil dieser Wert am häufigsten, nämlich 10 mal, vorkommt.

4.3.2 Zentralwert oder Median

Der Zentralwert ist der Wert der Messstichprobe, bei dem 50% der Werte kleiner und 50% der Werte größer sind als der Wert.

Der Zentralwert kann wie folgt ermittelt werden:

1. Fall: ungerade Anzahl an Messpunkten n
    1. Stichprobenwerte der Größe nach ordnen
    2. Messpunkt auf Rangplatz Nummer m, mit

    m=(n + 1) / 2   ist der Zentralwert: $\tilde{x} = x_{(m)}$

2. Fall: gerade Anzahl von Messpunkten n
    1. Stichprobenwerte der Größe nach ordnen
    2. Der Mittelwert der Messpunkte auf den Rangplätzen m1 und m2, mit

    m_1=n / 2 und m_2=n / 2 + 1 ist der Zentralwert: $\tilde{x} = \dfrac{x_{(m1)} + x_{(m2)}}{2}$

Beispiel 13: Ermittlung des Zentralwerts   **Datei: Stqm0020 Zentralwert.MDD**

Unsortierte Messreihe → x_i

1	2	3	4	5	6	7	8	9	10	11	12	13	14	15	16	17	18	19	20	21	22	23	24
36	21	45	33	15	26	35	25	41	50	13	7	44	29	36	19	32	58	30	36	21	16	36	26

Messreihe nach dem Sortieren: → $x_{(i)}$

1	2	3	4	5	6	7	8	9	10	11	12	13	14	15	16	17	18	19	20	21	22	23	24
7	13	15	16	19	21	21	25	26	26	29	30	32	33	35	36	36	36	36	41	44	45	50	58

12. und 13. Wert (30, 32) stehen in der Mitte, deshalb ergibt sich: $\tilde{x} = 31$

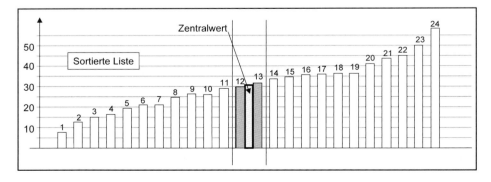

Bild 24: Ermittlung des Zentralwerts bei gerader Anzahl von Messwerten

Der Zentralwert hat die Eigenschaft, dass die Summe der absoluten Abweichungen zu ihm zu einem Minimum wird:

Es gilt also:

$$\sum_{1}^{n}\left|x_i - \widetilde{x}\right| = Minimum$$

Der Zentralwert verhält sich wenig empfindlich (invariant) gegenüber Ausreißern. Werte, die relativ weit von allen übrigen liegen, beeinflussen den Zentralwert wenig oder gar nicht.

4.3.3 α-Quantil

Das α-Quantil ist der Wert einer Messreihe, bei dem ein gewisser Prozentsatz α der Werte kleiner ist als der Wert und natürlich der Rest der Werte größer oder gleich diesem Wert ist.

Wenn wir für unser vorheriges Beispiel das 30%-Quantil oder auch 0,3-Quantil ermitteln wollen, so gehen wir wie folgt vor:

Zunächst berechnen wir: $n \cdot \alpha = 24 \cdot 0{,}3 = 7{,}2$

Sofern das Ergebnis keine ganze Zahl ist, wird es aufgerundet - in unserem Fall also auf 8. Ausgehend vom niedrigsten Wert in der sortierten Liste ist also der achte Wert das gesuchte 0,3-Quantil.

Es gilt: $\widetilde{x}_{\alpha=0{,}3} = 25$

7 von 24 Werten (ca. 29,2 %) sind also kleiner und 17 von 24 Werten (ca. 70,8%) sind größer oder gleich 25.

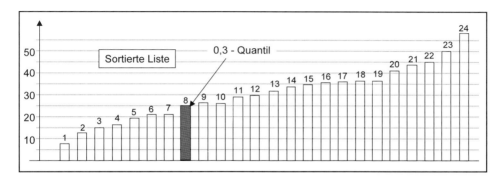

Bild 25: Ermittlung eines 0,3-Quantils bei 24 Messwerten

Es stellt sich hier die Frage: Wie muss vorgegangen werden, wenn $n \cdot \alpha$ ganzzahlig ist?

Hierzu die Berechnung des 33,33%- oder auch 1/3-Quantils, es gilt:

$$n \cdot \alpha = 24 \cdot \frac{1}{3} = 8$$

Nun wird der Mittelwert aus dem 8. und dem 9. Wert der sortierten Liste berechnet, also:

$$\widetilde{x}_{\alpha = \frac{1}{3}} = \frac{x_8 + x_9}{2} = \frac{25 + 26}{2} = 25,5$$

8 von 24 Werten (33,33 %) sind also kleiner und 16 von 24 Werten (ca. 66,67%) sind größer oder gleich 25,5.

Der Zentralwert, der im vorangegangenen Beispiel beschrieben wurde, ist also das 0,5-Quantil. Weitere spezielle Quantile sind das untere Quartil (0,25-Quantil) und das obere Quartil (0,75-Quantil).

4.3.4 Arithmetischer Mittelwert

Dieser Wert wird wie folgt berechnet: Man bildet die Summe aller Werte der Stichprobe und dividiert diese durch die Anzahl der Stichprobenelemente.

$$\bar{x} = \frac{1}{n} \cdot \sum_{i=1}^{n} x_i$$

$x_1, ..., x_n$ Merkmalswerte

n Anzahl der Merkmalswerte

Das arithmetische Mittel ist ein Lagemaß für das Zentrum der Verteilung einer Stichprobe. Wenn man die x-Achse als masselosen Balken auffasst und die Elemente der Stichprobe als gleich große Gewichte, die sich nur durch ihre Lage auf dem Balken unterscheiden, dann ist der Balken im Gleichgewicht, wenn man ihn am arithmetischen Mittelwert unterstützt. Das bedeutet, dass sich Abweichungen vom Mittelwert gegeneinander aufheben und in der Summe den Wert "0" ergeben (Hebelgesetz). Somit kann der arithmetische Mittelwert auch als **"Schwerpunkt"** der Stichprobe aufgefasst werden.

Es gilt also: $\sum_{i=1}^{n}(x_i - \bar{x}) = 0$

Der arithmetische Mittelwert ist wohl die am häufigsten verwendete statistische Kenngröße, u.a. wird er auch für die Ermittlung der Vorgabezeit in REFA-Zeitaufnahmen vorgeschrieben. Deshalb wollen wir uns Im Folgenden näher damit beschäftigen. Insbesondere sollen die Übereinstimmungen der Mittelwertbildung mit der Regressionsrechnung herausgearbeitet werden. Wir wollen die Zusammenhänge an einem einfachen Beispiel zeigen.

Beispiel 14: Ableitung des Mittelwertes

Als Messstichprobe sollen die Werte 3, 6, 7, 25 und 105 gegeben sein. Stellen wir diese Werte auf einem Zahlenstrahl dar, erhält man folgendes Bild:

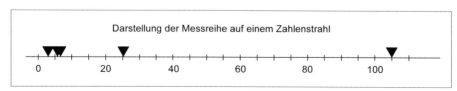

Bild 26: Darstellung der Messreihe 3, 6, 7, 25, 105

Nun wollen wir an verschiedenen Stellen den Zahlenstrahl unterstützen und dazu die Eigenschaften dieser Stellen näher untersuchen, indem wir die Abstände zwischen Unterstützungspunkt c und den Messpunkten quadrieren.

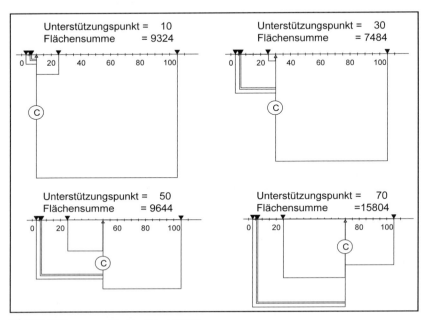

Bild 27: Bildung von Abstandsquadraten

Im obigen Bild sehen Sie die Abstandsquadrate, gebildet aus den Abständen der Messwerte vom Unterstützungspunkt c. Synonym für Abstand werden hier auch folgende Begriffe verwendet:

Abstand = Abweichung = Fehler = Residuum = Differenz

Wir untersuchen nun die Unterstützungspunkte von 0 bis 100 in 10-er Schritten und bilden jeweils die Summe der Abstandsquadrate (letzte Spalte in Bild 28).

		$x_1 = 3$	$x_2 = 6$	$x_3 = 7$	$x_4 = 25$	$x_5 = 105$	
		$(x_1 - c)^2$	$(x_2 - c)^2$	$(x_3 - c)^2$	$(x_4 - c)^2$	$(x_5 - c)^2$	$\Sigma\, (x_i - c)^2$
c =	0	9	36	49	625	11025	11744
c =	10	49	16	9	225	9025	9324
c =	20	289	196	169	25	7225	7904
c =	30	729	576	529	25	5625	7484
c =	40	1369	1156	1089	225	4225	8064
c =	50	2209	1936	1849	625	3025	9644
c =	60	3249	2916	2809	1225	2025	12224
c =	70	4489	4096	3969	2025	1225	15804
c =	80	5929	5476	5329	3025	625	20384
c =	90	7569	7056	6889	4225	225	25964
c =	100	9409	8836	8649	5625	25	32544

Bild 28: Fehlerquadrate bei verschiedenen Unterstützungspunkten c

Wir sehen, dass bei Werten von c < 30 die Quadratsummen immer größer werden, dasselbe gilt für die Quadratsummen von c > 30. Es muss also ein Wert c existieren, für den die Quadratsumme <u>minimal</u> wird. In folgendem Diagramm (Bild 29) haben wir die Quadratsummen über c aufgetragen. Sie erkennen an der Grafik, dass das Minimum dieser Kurve bei ca. 30 liegen muss. Allerdings kann man durch diese Methode das Minimum eben nur ungefähr bestimmen. Im Folgenden wollen wir diesen Minimumwert genau berechnen.

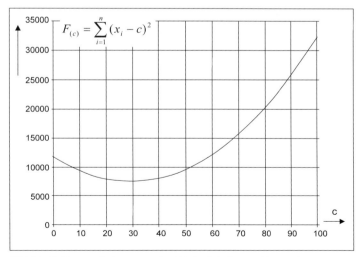

Bild 29: Fehlerquadratsummen in Abhängigkeit vom Unterstützungswert

Wir haben eine Funktion, die von c abhängt, also:

$$F_{(c)} = \sum_{i=1}^{n} (x_i - c)^2 = \sum_{i=1}^{n} (x_i^2 - 2x_i c + c^2) \overset{!}{=} Minimum$$

Das Minimum oder Maximum einer Funktion findet man durch Differenziation (Ableitung) und Nullsetzung, also:

$$F'_{(c)} = f_{(c)} = \sum_{i=1}^{n} (-2x_i + 2c) = 0$$

Nach Division durch 2 folgt: $\sum_{i=1}^{n} (-x_i + c) = 0$

mit

$$\sum_{i=1}^{n} (-x_i) + \sum_{i=1}^{n} c = 0 \quad \Longrightarrow \quad \sum_{i=1}^{n} c = \sum_{i=1}^{n} x_i$$

und mit

$$\sum_{i=1}^{n} c = n \cdot c \qquad \Longrightarrow \quad n \cdot c = \sum_{i=1}^{n} x_i$$

Für den Wert c mit der kleinsten Fehlerquadratsumme ergibt sich also die Formel für den Mittelwert zu:

$$c = \frac{1}{n} \cdot \sum_{i=1}^{n} x_i \overset{def}{=} \overline{x}$$

Arithmetischer Mittelwert bei klassierten Daten (gewogenes Mittel)

Liegen die Daten lediglich in klassierter Form vor – sind also die Einzelwerte unbekannt – so kann man sich damit behelfen, dass man je Klasse das Produkt aus Klassenmitte und Häufigkeit der Klasse bildet, diese Werte addiert und durch die Gesamtzahl der Merkmalswerte dividiert:

$$\boxed{\overline{x}_M = \frac{1}{n} \cdot \sum_{i=1}^{k} m_i \cdot H_i}$$

m_i	Klassenmitte der i-ten Klasse
H_i	Klassenhäufigkeit der i-ten Klasse
k	Anzahl der Klassen
n	Gesamtanzahl der Merkmalswerte

Betrachten wir unser Konservenbeispiel, so erhalten wir als Mittelwert aller Werte exakt 502,640. Verwenden wir jedoch die klassierten Daten, so erhalten wir Folgendes:

Klasse	KUi	KOi	mi	Hi	Hi * mi
1	501,0	501,5	501,25	1	501,25
2	501,5	502,0	501,75	8	4014
3	502,0	502,5	502,25	27	13560,75
4	502,5	503,0	502,75	26	13071,5
5	503,0	503,5	503,25	14	7045,5
6	503,5	504,0	503,75	3	1511,25
7	504,0	504,5	504,25	1	504,25
Summe(Hi * mi)					40208,5
Summe(Hi * mi)/n					502,606250

Bild 30: Klassierte Daten des Konservenbeispiels

Wie man sieht, stimmt dieser Wert nicht exakt mit dem Mittelwert aller Messwerte überein. Dies liegt daran, dass die Klassenmitten natürlich nicht genau mit den Klassenmittelwerten übereinstimmen.

Wollte man bei der klassierten Datenform den genauen Mittelwert berechnen, so müsste man mit den Mittelwerten der Klassen und nicht mit den Klassenmitten rechnen.

Der Mittelwert ergibt sich dabei zu:

$$\bar{x} = \frac{1}{n} \cdot \sum_{i=1}^{k} \bar{x}_i \cdot H_i$$

$\bar{x}_i$ Klassenmittelwert der i-ten Klasse
H_i Klassenhäufigkeit der i-ten Klasse
k Anzahl der Klassen
n Gesamtanzahl der Merkmalswerte

Sind die Klassenmittelwerte nicht bekannt, muss man bei der Berechnung des Mittelwertes basierend auf der klassierten Darstellung mit einem Fehler rechnen. Der Fehler wird um so größer, je weiter die Klassenmitten von den Klassenmittelwerten entfernt sind. Stimmen Klassenmitten und Klassenmittelwerte überein, so ist der Fehler selbstverständlich genau 0.

Man kann die Klassenmittelwerte oder Klassenmitten auch als eigene Messreihe auffassen, die zur Ermittlung des Gesamtmittelwertes mit den Klassenhäufigkeiten gewichtet sind. Man kann die obige Formel wie folgt umwandeln:

$$\overline{x} = \frac{1}{n} \cdot \sum_{i=1}^{k} \overline{x}_i \cdot H_i = \sum_{i=1}^{k} \overline{x}_i \cdot \frac{H_i}{n} = \sum_{i=1}^{k} \overline{x}_i \cdot w_i$$

Die $w_i = H_i / n$ werden dabei auch Gewichte genannt. Wir erhalten hiermit das **gewogene arithmetisches Mittel.**

In REFA-Zeitaufnahmen können zur Berechnung des mittleren Leistungsgrades die vergebenen Leistungsgrade mit den zugehörigen Einzelzeiten gewichtet werden (vgl. REFA / 6 / Seite 147). Dieser gewichtete Leistungsgrad berechnet sich nach folgender Formel:

$$\overline{L}_{gewichtet} = \frac{1}{n} \cdot \sum_{i=1}^{n} \left(L_i \cdot \frac{t_i}{\overline{t}} \right) = \sum_{i=1}^{n} \left(L_i \cdot \frac{t_i}{n \cdot \overline{t}} \right) = \sum_{i=1}^{n} \left(L_i \cdot \frac{t_i}{t_{ges}} \right)$$

mit n : Anzahl Messwerte

        L_i : Leistungsgrad zu Zeitwert i

        t_i : Zeitwert i

        $\overline{t}$: Mittelwert der Zeitwerte

        t_{ges} : Summe der Zeiten

Beispiel 15: Ermittlung des mittleren Einkom-   Datei: Stqm0030 mittleres Einkommen.XLS
mens

Es soll das durchschnittliche Einkommen der abhängig Beschäftigten ermittelt werden. Hierzu liegen die durchschnittlichen Daten von 8 Berufsgruppen vor.

Berufsgruppe	i	Brutto-verdienst pro Stunde V_i [€ / h]	Anzahl Personen n_i [Mio]	$V_i * n_i$ [€ / h]
Produzierendes Gewerbe Arbeiter	1	14	5	70
Produzierendes Gewerbe Angestellte	2	21	7	147
Handwerker	3	11	5	55
Landwirtschaft	4	8	1	8
Großhandel	5	16	5	80
Einzelhandel	6	13	6	78
Kreditgewerbe	7	18	3	54
Versicherungsgewerbe	8	29	4	116
Summen			36	608

Gewogenes Mittel =   16,89

Bild 31: Ermittlung des gewogenen mittleren Einkommens

Es ist unerheblich, ob man zunächst alle V_i mit n_i multipliziert, diese addiert und anschließend durch n dividiert oder ob man die Einzelgewichte $w_i = n_i / n$ jeweils mit V_i multipliziert und addiert.

4.3.5 Geometrischer Mittelwert

Sind die Merkmalsausprägungen Verhältniszahlen (z.B. die Veränderung gegenüber Vergangenheitswerten), so ist es sinnvoll, das geometrische Mittel zu verwenden.

$$\overline{x}_G = \sqrt[n]{x_1 \cdot x_2 \cdot \ldots \cdot x_n} = \sqrt[n]{\prod_{i=1}^{n} x_i}$$

Beispiel 16: Mittlere Produktionssteigerung   Datei: Stqm0040 Produktionssteigerung.XLS

Im Zeitraum von 1993 bis 2000 wurden Jahresumsatz und Produktionssteigerung und -rückgang eines Unternehmens festgehalten. Es soll die mittlere Produktionssteigerung pro Jahr ermittelt werden. Zunächst berechnet man aus den prozentualen Steigerungsraten die Steigerungsfaktoren, indem 1 addiert wird. Zum Beispiel Steigerungsfaktor für das Jahr 1994:

-17,65% + 1 = 0,8235

Jahr	Jahres-umsatz [Mio €]	i	Steige-rungsrate [%]	Steige-rungs-faktor
1992	15,0			
1993	17,0	1	13,33	1,1333
1994	14,0	2	-17,65	0,8235
1995	16,0	3	14,29	1,1429
1996	19,0	4	18,75	1,1875
1997	22,0	5	15,79	1,1579
1998	23,0	6	4,55	1,0455
1999	21,0	7	-8,70	0,9130
2000	24,0	8	14,29	1,1429

Produkt = 1,6000

$\sqrt[8]{\text{Produkt}}$ = 1,0605

Bild 32: Mittlere Produktionssteigerung pro Jahr

Werden alle Steigerungsfaktoren multipliziert, so erhalten wir als Produkt 1,6. Die achte Wurzel aus diesem Produkt ergibt den mittleren Steigerungsfaktor von 1,0605. Wir subtrahieren 1 und erhalten die mittlere Steigerungsrate 6,05 %.

Da hier die Jahresumsätze bekannt sind, hätte man das Produkt auch direkt als Quotient der Jahresumsätze von 2000 und 1992 berechnen können.

4.3.6 Gegenüberstellung Zentralwert – arithmetischer Mittelwert

Bei der Ableitung des arithmetischen Mittelwertes, haben wir folgende Messreihe verwendet: 3, 6, 7, 25, 105

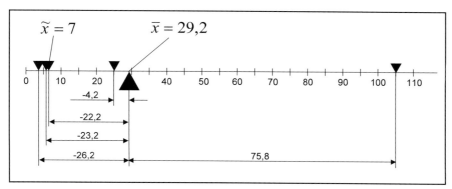

Bild 33: Unterschied zwischen Zentralwert und Mittelwert

In der Darstellung in Bild 33 erkennen wir einen großen Unterschied zwischen
dem Zentralwert (7) und dem Mittelwert (29,2). Dies liegt daran, dass die Stichprobe eine recht heterogene Struktur aufweist. Wenn wir aus derselben Grundgesamtheit weitere Werte ziehen, so könnte die Verteilung wie folgt aussehen:

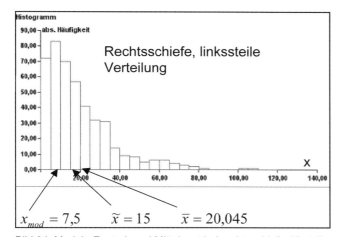

Bild 34: Modal-, Zentral- und Mittelwert bei rechtsschiefer Verteilung

Es handelt sich um eine sogenannte rechtsschiefe - linkssteile Verteilung. Wie
man sieht, liegt der Modalwert links vom Zentralwert und dieser wiederum links
neben dem Mittelwert.

Kehrt man die Darstellung um, so erhalten wir eine linksschiefe - rechtssteile Verteilung, bei der der Zentralwert rechts vom Mittelwert und der Modalwert rechts vom Zentralwert liegt.

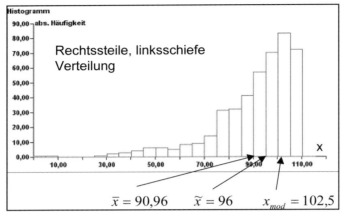

Bild 35: Modal-, Zentral- und Mittelwert bei linksschiefer Verteilung

Man kann also sagen, je weiter Zentralwert und Mittelwert auseinanderliegen, desto schiefer ist die zugrundeliegende Verteilung. Es gilt:

$x_{\text{mod}} < \tilde{x} < \bar{x} \implies$ rechtsschiefe Verteilung
$x_{\text{mod}} > \tilde{x} > \bar{x} \implies$ linksschiefe Verteilung

Ist die Verteilung jedoch annähernd symmetrisch, dann liegen Modal-, Zentral- und Mittelwert sehr nahe beieinander.

Bei exakt symmetrischer Verteilung gilt: $\tilde{x} = \bar{x}$

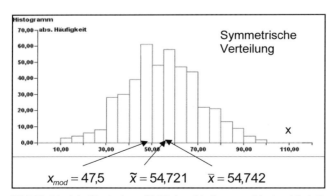

Bild 36: Modal-, Zentral- und Mittelwert bei symmetrischer Verteilung

4.4 Streumaße von Häufigkeitsverteilungen

Streumaße, wie z.B. Spannweite, Quartilsabstand oder Standardabweichung, kennzeichnen die Streuung der Stichprobenwerte. Sie geben Auskunft über die Größe der Abweichung von einem Lagemaß (meist vom Mittelwert).

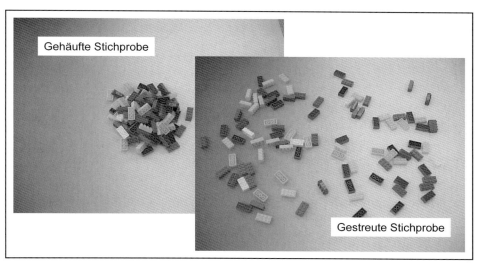

Gehäufte Stichprobe

Gestreute Stichprobe

Bild 37: Beispiele für Häufungen und Streuungen

4.4.1 Spannweite, mittlere Spannweite und Streuzahl

Die Spannweite

Die Spannweite (engl.: range) ist die Differenz zwischen größtem und kleinstem Stichprobenwert.

$$R = x_{max} - x_{min}$$

Bei der Berechnung der Spannweite gehen nur zwei Werte der Stichprobe ein. Die übrigen Werte der Stichprobe bleiben unberücksichtigt. Weicht nun einer der beiden Extremwerte (oder beide) stark von den übrigen Werten der Stichprobe ab (Ausreißer), so beeinflusst dies die Spannweite überproportional. Aus diesem Grund ist die Spannweite zur Beurteilung der Streuung einer Stichprobe nur bedingt geeignet.

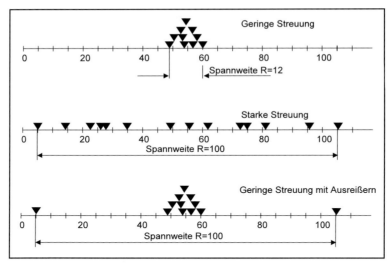

Bild 38: Spannweiten bei unterschiedlichen Streuungen

Die mittlere Spannweite $n \geq 15$

Beispiel 17: Mittlere Spannweite

Dieser Wert wird in folgenden Schritten ermittelt:

Unsortierte Messreihe

1	2	3	4	5	6	7	8	9	10	11	12	13	14	15	16	17	18	19	20	21	22	23	24
36	21	45	33	15	26	35	25	41	50	13	7	44	29	36	19	32	58	30	36	21	16	36	26

1. Die unsortierte Stichprobe wird in Gruppen aufgeteilt, die je 5 aufeinander folgende Werte enthalten. Da nicht vollbesetzte Gruppen unberücksichtigt bleiben, erhalten wir 4 Gruppen.

2. Für jede Gruppe wird die einfache Spannweite berechnet.

   Gruppe 1: 36, 21, 45, 33, 15 $R_1 = 45 - 15 = 30$
   Gruppe 2: 26, 35, 25, 41, 50 $R_2 = 50 - 25 = 25$
   Gruppe 3: 13,   7, 44, 29, 36 $R_3 = 44 - 7 = 37$
   Gruppe 4: 19, 32, 58, 30, 36 $R_4 = 58 - 19 = 39$

3. Aus den k=4 Spannweiten wird der Mittelwert der Gruppenspannweiten, die sogenannte mittlere Spannweite berechnet

$$\overline{R} = \frac{30 + 25 + 37 + 39}{4} = 32,75$$

Allgemein kann man schreiben:

$$\overline{R} = \frac{\sum\limits_{j=1}^{k}(x_{j\max} - x_{j\min})}{k}$$ Mit k = Anzahl der Gruppen zu je 5 Messwerten

Auch die mittlere Spannweite eignet sich zur Beurteilung der Streuung einer Messreihe nur bedingt. Dies liegt daran, dass auch hier nicht alle Werte zur Berechnung herangezogen werden. Außerdem ändert sich der Wert bei unterschiedlicher Anordnung der Stichprobenwerte.

Die Streuzahl

Es ist problematisch, die Streuung von Messreihen nur anhand der Spannweiten zu beurteilen. Man kann zum Beispiel nicht behaupten, dass zwei Messreihen mit gleicher Spannweite auch die gleiche Streuung besitzen. Hier ist es sinnvoll die Spannweiten auf eine geeignete Bezugsgröße, z.B. den Mittelwert, zu beziehen. Wir erhalten in diesem Fall die sogenannte Streuzahl.

Zur Berechnung der Streuzahl unterscheidet man zwei verschiedene Bereiche:

1. $n < 15$ $$\textit{Streuzahl 1}\quad z_{(n<15)} = \frac{\textit{Spannweite}}{\textit{arithmetischer Mittelwert}} = \frac{R}{\overline{x}}$$

2. $n \geq 15$ $$\textit{Streuzahl 2}\quad z_{(n\geq15)} = \frac{\textit{mittlere Spannweite}}{\textit{arithmetischer Mittelwert}} = \frac{\overline{R}}{\overline{x}}$$

Bei REFA (vgl. REFA / 6 / Seite 163 ff.) wird die Berechnung des Vertrauensbereichs nach dem Streuzahlverfahren beschrieben. Hierzu gehen je nach Stichprobenumfang die einfache (n<15) oder die mittlere (n $\geq$15) Streuzahl in die Berechnung ein. Dies Verfahren wird dort lediglich für die manuelle Auswertung vorgeschlagen und sollte in der heutigen Praxis nicht mehr zum Einsatz kommen.

4.4.2 Quartilsabstand QA

In Abschnitt 4.3.3 haben wir das untere und obere Quartil kennen gelernt. Oberhalb des unteren Quartils befinden sich ca. 75% und unterhalb des oberen Quartils auch ca. 75% der Messwerte. Daraus folgt, dass sich zwischen unterem und oberem Quartil mindestens 50% der Messwerte befinden. Wir betrachten noch einmal Beispiel 13, in dem n=24 Messwerte vorlagen. Das untere Quartil ergibt sich hier als Mittelwert des 6. und 7. Wertes der sortierten Reihe zu:

$$\tilde{x}_{\alpha=0,25} = \frac{x_6 + x_7}{2} = \frac{21+21}{2} = 21$$

Das obere Quartil ergibt sich als Mittelwert des 18. und 19. Wertes der sortierten Reihe:

$$\tilde{x}_{\alpha=0,75} = \frac{x_{18} + x_{19}}{2} = \frac{36+36}{2} = 36$$

Der Quartilsabstand dieser Messreihe beträgt also QA = 36 - 21 = 15. Zwischen 21 und 36 befinden sich also mindestens 50% der Messwerte. Tatsächlich sind 14 Messwerte größer oder gleich 21 und kleiner oder gleich 36, dies entspricht einem Prozentsatz von 58%.

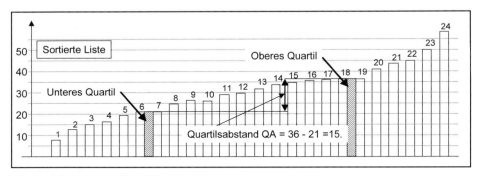

Bild 39: Ermittlung des Quartilsabstandes

Wie der Zentralwert (vgl. Abschnitt 4.3.2) verhält sich auch der Quartilsabstand gegenüber Ausreißern invariant. Die starke Abweichung eines oder weniger Messwerte beeinflusst den Quartilsabstand wenig oder gar nicht.

Wenn wir den Quartilsabstand auf ein Lagemaß beziehen, so erhalten wir den relativen Quartilsabstand. Wählen wir als Bezugslagemaß den Zentralwert, so ergibt sich dieser zu 15/31 = 0,484 = 48,4%.

4.4.3 Durchschnittliche absolute Abweichung

Dieser Wert wird ermittelt, indem die Absolutwerte aller Abweichungen von einem Lagemaß c summiert und durch die Anzahl der Stichprobenelemente dividiert werden.

$$\overline{E} = \frac{1}{n} \cdot \sum_{i=1}^{n} |x_i - c|$$

Als Lagemaß c können hier Zentralwert oder Mittelwert eingesetzt werden. In der Regel wählt man hier den Zentralwert, weil dieser nachweislich zum Minimalwert der durchschnittlichen absoluten Abweichung führt:

Für $c = \tilde{x}$ gilt $\overline{E} = \overline{E}_{min}$

Aus dieser Tatsache kann man den Zentralwert auch wie folgt definieren:

Der Zentralwert ist der Wert, für den die Summe der absoluten Abweichungen, also die absolute Fehlersumme, ein Minimum ist.

Die mittlere absolute Abweichung besitzt im Vergleich zur Spannweite den Vorteil, dass in dieses Streumaß alle Stichprobenwerte eingehen. Dennoch wird sie in der Statistik häufig nicht als Streumaß verwendet, sondern man benutzt statt dessen die Varianz und die unmittelbar daraus abgeleitete Standardabweichung.

4.4.4 Varianz, Standardabweichung und Variationszahl

$$s^2 = \frac{1}{n} \cdot \sum_{i=1}^{n} (x_i - c)^2$$

Die Varianz ist die Summe aller Abstandsquadrate von einem Lagemaß c dividiert durch die Anzahl der Stichprobenwerte n.

Man wählt hier als Lagemaß den Mittelwert, weil dieser nachweislich zum Minimalwert der Varianz führt (vgl. Ableitung des arithmetischen Mittelwerts). Die Varianz bezogen auf den Mittelwert wird wie folgt berechnet:

$$s^2 = \frac{1}{n-1} \cdot \sum_{i=1}^{n} (x_i - \overline{x})^2$$

Wie man sieht, wird beim Mittelwert als Bezugslagemaß durch n-1 dividiert. Dies liegt daran, dass bei Wahl des arithmetischen Mittelwertes die n Abweichungen nicht voneinander unabhängig sind. Diese Tatsache ergibt sich daraus, dass sich aus n-1 bekannten Messwerten und dem Mittelwert der n-te Messwert berechnen lässt. n-1 ist also gewissermaßen der Freiheitsgrad.

Nach Förster/Egermayer / 7 / versteht man unter dem Freiheitsgrad die Anzahl der voneinander unabhängigen Werte einer statistischen Gesamtheit. Vor der Bestimmung des arithmetischen Mittels kann über alle n Einzelwerte frei verfügt werden. Ist dagegen das arithmetische Mittel für eine Gesamtheit von n Einzelwerten berechnet worden, so kann man, wenn die Bedingung

$$\sum_{i=1}^{n} x_i = n \cdot \overline{x}$$

gelten soll, nur noch über (n-1) Einzelwerte frei verfügen. Man kann auch sagen, dass sich jeder Wert der Messreihe aus den restlichen (n-1) Werten und dem Mittelwert berechnen lässt:

$$x_n = n \cdot \overline{x} - \sum_{i=1}^{n-1} x_i$$

Die Varianz ist also die mittlere quadratische Abweichung der Messwerte vom Mittelwert. Sie hat den Nachteil, dass sie sich wert- und dimensionsmäßig stark vom Mittelwert unterscheidet. Aus diesem Grund bildet man die Standardabweichung.

Die Standardabweichung ist die Quadratwurzel aus der Varianz:

$$s = \sqrt{s^2}$$

Sie hat die gleiche Dimension wie die Stichprobenelemente und der Mittelwert und ist somit ein anschauliches Maß für die durchschnittliche Abweichung der Messwerte vom Mittelwert.

Wie schon erwähnt, ist es problematisch, die Streuung von Messreihen ausschließlich anhand der Streumaße zu beurteilen. Wird die Standardabweichung auf den Mittelwert bezogen, so erhält man als geeignetes Verhältnismaß die **Variationszahl** oder den **Variationskoeffizienten.**

Diese wichtige Kennzahl ist wie folgt definiert: $v = \dfrac{s}{\overline{x}}$

Die Variationszahl ist in hervorragender Weise geeignet, die Qualität einer Messstichprobe zu beurteilen. Sie ist ein Maß für die *relative* durchschnittliche Abweichung vom Mittelwert.

Varianz, Standardabweichung und Variationszahl sind bei REFA-Zeitaufnahmen für die Beurteilung der Streuung von Zeitwerten um den Mittelwert herum und damit für die Bewertung der Vorgabezeit von zentraler Bedeutung. Die Variationszahl sollte Werte von ca. 25% nur in Ausnahmefällen überschreiten.

Beispiel 18: Werkstücklängen	Datei: Stqm-0050 Werkstücklängen.MDD

Es werden Werkstücke in zwei verschiedenen Längen hergestellt. Werkstück W1 soll in der Länge 1000 mm hergestellt werden, Werkstück W2 in der Länge von 100 mm. Von beiden Werkstücksorten wird eine Stichprobe der Größe 10 gemessen.

W1	Abweichung	Abweichung^2	W2	Abweichung	Abweichung^2
991	-9	81	91	-9	81
992	-8	64	92	-8	64
995	-5	25	95	-5	25
997	-3	9	97	-3	9
998	-2	4	98	-2	4
1000	0	0	100	0	0
1001	1	1	101	1	1
1004	4	16	104	4	16
1006	6	36	106	6	36
1016	16	256	116	16	256

Bild 40: Vergleich zweier Messstichproben mit gleicher Streuung

Durchschnitt von W1: $\bar{x}_1 = 1000$ mm
Durchschnitt von W2: $\bar{x}_2 = 100$ mm

Die Standardabweichungen beider Stichproben sind gleich groß:

$$s_1 = s_2 = \sqrt{\frac{81+64+25+9+4+1+16+36+256}{9}} = 7{,}394$$

Allerdings ist die Streuung bezogen auf den Mittelwert bei W1 wesentlich geringer als bei W2. Man kann also sagen, dass die W1-Teile mit viel größerer Genauigkeit hergestellt wurden. Wir sehen, dass die Streumaße allein keine ausreichende Aussage über die Genauigkeit einer Stichprobe darstellen.

Erst wenn man die Streumaße auf ein entsprechendes Lagemaß (z.B. den Mittelwert) bezieht, erhält man ein aussagefähiges Genauigkeitsmaß. Für unser Beispiel erhalten wir die Variationszahlen:

$$v_1 = \frac{7{,}394}{1000} = 0{,}74\,\%$$

$$v_2 = \frac{7{,}394}{100} = 7{,}4\,\%$$

Relativ gesehen, streut also Messreihe 1 um den Faktor 10 weniger als Messreihe 2.

Beispiel 19: Messreihe und Kenngrößen	Datei: Stqm0060 Kenngrößen.mdd

Im Folgenden wollen wir die Kenngrößen einer Messreihe darstellen:

i	1	2	3	4	5	6	7	8	9	10	11	12	13	14	15
x_i	497	485	498	504	508	497	516	497	483	502	488	516	498	504	494
Res	2,13	14,13	1,13	-4,87	-8,87	2,13	-16,87	2,13	16,13	-2,87	11,13	-16,87	1,13	-4,87	5,13
%	0,43	2,91	0,23	-0,97	-1,75	0,43	-3,27	0,43	3,34	-0,57	2,28	-3,27	0,23	-0,97	1,04

Es bedeuten: Res = Residuen = Abweichungen vom Mittelwert

   %   = Residuen bezogen auf den Mittelwert in %

Die Darstellung der Häufigkeitsverteilung liefert folgendes Bild:

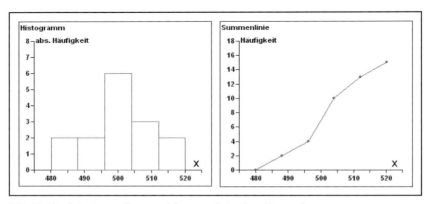

Bild 41: Häufigkeitsverteilung und Summenlinie einer Messreihe

Unten sehen Sie für unsere Beispielmessreihe die Lage- und Streumaße, die wir in den vorangegangenen Abschnitten kennen gelernt haben.

Lagemaße	
Zentralwert	$\tilde{x} = 498$
Mittelwert	$\bar{x} = 499{,}133$
Modalwert	$x_{\mathrm{mod}} = 497$
Streumaße	
Einfache Spannweite	$R = 33$
Streuzahl 1	$z_1 = 6{,}611$
Mittlere Spannweite	$\bar{R} = 28$
Streuzahl 2	$z_2 = 5{,}610$
Mittlere absolute Abweichung vom Zentralwert	$\dfrac{1}{n} \cdot \sum \lvert x_i - \tilde{x} \rvert = 7{,}133$
Mittlere absolute Abweichung vom Mittelwert	$\dfrac{1}{n} \cdot \sum \lvert x_i - \bar{x} \rvert = 7{,}360$
Varianz	$s^2 = 94{,}981$
Standardabweichung	$s = 9{,}746$
Variationskoeffizient	$v = 1{,}953\,\%$

Bild 42: Gegenüberstellung der Kenngrößen einer Messreihe

5 Verteilungen und ihre Eigenschaften

Im vorangegangenen Abschnitt haben wir die Darstellung statistischer Daten mit Hilfe von Häufigkeitsverteilungen kennen gelernt. Insbesondere bei quantitativen Merkmalen (messbar oder zählbar) wurden die Verteilungen durch Zuordnung der Werte zu Klassen erzeugt. Solche aus Messungen oder Beobachtungen hervorgegangenen Verteilungen lassen sich häufig mit theoretischen, kontinuierlichen Verteilungen beschreiben. Diese wollen wir im folgenden Abschnitt näher kennen lernen.

5.1 Gaußsche Normalverteilung

Eine häufig zur Beschreibung empirischer Verteilungen herangezogene theoretische Verteilung ist die Normalverteilung, die eine glockenförmige Gestalt aufweist. Als Gründe hierfür gelten nach Dietrich, Schulze / 8 / folgende:
- Viele Merkmalswerte, die bei Experimenten und Beobachtungen in der Praxis auftreten, sind normalverteilt.
- Eine Zufallsvariable, die sich als Summe vieler unabhängiger, beliebig verteilter Einzelwirkungen zusammensetzt, ist näherungsweise normalverteilt, und zwar um so besser, je größer die Anzahl der Einzelwirkungen ist.
- Häufig können nicht normalverteilte Merkmalswerte durch die Normalverteilung angenähert werden.
- Bestimmte nicht normalverteilte Merkmalswerte lassen sich so transformieren, dass die transformierte Variable normalverteilt ist.
- Einige komplizierte Verteilungen lassen sich in Grenzfällen durch die Normalverteilung brauchbar ersetzen.
- Die Normalverteilung ist als mathematisches Modell einfach zu handhaben.

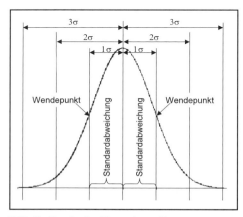

Bild 43: Gaußsche Normalverteilung

In Bild 43 erkennen wir eine Häufung der Werte um einen Beobachtungsschwerpunkt herum. Bei einer Normalverteilung ist dies der Mittelwert und gleichzeitig auch der Modalwert und der Zentralwert.

Vom Schwerpunkt aus fällt die Verteilungsfunktion zu beiden Seiten gleichermaßen ab, wobei das Gefälle bis zu einem Abstand von 1σ, der Standardabweichung, immer zunimmt. Man sagt auch, dass im Abstand von 1σ der Wendepunkt der Verteilungsfunktion liegt. Entfernt man sich nun weiter vom Schwerpunkt, so nimmt das Gefälle wieder ab, bis es im Unendlichen zu 0 wird.

Aus der Symmetrie der Funktion kann man erkennen, dass die Anzahl der Messwerte links vom Schwerpunkt genau so groß ist, wie die rechts vom Schwerpunkt. Für die Bereiche 1σ, 2σ und 3σ gilt Folgendes:

Bereich $\pm 1\sigma$: 68,27% der Messpunkte

Bereich $\pm 2\sigma$: 95,45% der Messpunkte

Bereich $\pm 3\sigma$: 99,73% der Messpunkte

Aus diesem Zusammenhang ergeben sich direkt folgende Eigenschaften von normalverteilten Stichproben:

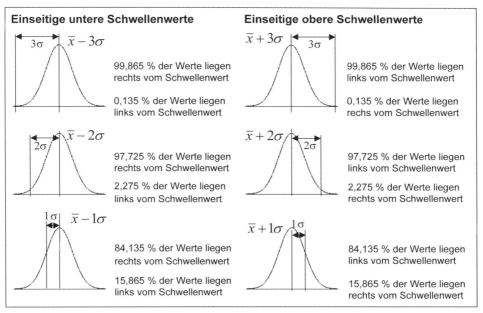

Bild 44: Einseitige untere und obere Schwellenwerte von normalverteilten Stichproben

Häufig interessiert die Aussage, bei welchem Vielfachen u von σ liegt ein bestimmter Prozentsatz $\Phi_{(u)}$ (Phi) der Werte. Für den einseitigen oberen Schwellenwert haben wir schon Folgendes festgestellt:

u=1 → 84,135 % unterhalb 15,865 % oberhalb

u=2 → 97,725 % unterhalb   2,275 % oberhalb

u=3 → 99,865 % unterhalb   0,135 % oberhalb

Bei den Testverfahren (Abschnitt 6.3) wird häufig gefragt, ob ein gewisser Prozentsatz einer Zufallsvariablen eine bestimmte Eigenschaft erfüllt, wobei dieser
Prozentsatz mit 1-α=95% angegeben wird, d.h. man gibt sich damit zufrieden,
dass in nur 95% der Fälle die Aussage über eine bestimmte Eigenschaft, die
sogenannte Nullhypothese, richtig ist. In 5% der Fälle kann also die Aussage
über diese bestimmte Eigenschaft auch falsch sein. Man nennt dies einen Test
zum Niveau α.

Bei einseitigen Tests interessiert beispielsweise ein Schwellenwert u, bei dem
1-α=95% der Werte links und 5% der Werte recht von u liegen.
Hierfür gilt: u=1,645 → 95% unterhalb bzw. 5% oberhalb.

Bei zweiseitigen Tests interessiert ein Schwellenwert, bei dem 1-α/2=97,5% der
Werte links und 2,5% der Werte rechts von u liegen.
Hierfür gilt: u=1,96→ 97,5% unterhalb bzw. 2,5% oberhalb.

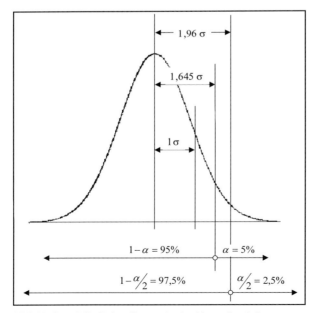

Bild 45: Spezielle Schwellenwerte der Normalverteilung

Im Anhang 8.1 befindet sich Tabelle 1, in der für beliebige Schwellenwerte u der zugehörige linksseitige Anteilswert $\Phi_{(u)}$ abgelesen werden kann. Bei positiven Schwellenwerten u > 0 liegen die Anteilswerte zwischen 0,5 und 1 und können direkt der Tabelle entnommen werden. Die Ermittlung der Anteilswerte Φ bei negativen Schwellenwerten u < 0 soll anhand des folgenden Beispiels gezeigt werden.

Beispiel 20: Die Ermittlung des Anteilswertes Φ bei negativen Schwellenwerten u

Es soll für den Schwellenwert u = -0,8 der linksseitige Anteilswert $\Phi_{(u=-0,8)}$ ermittelt werden.

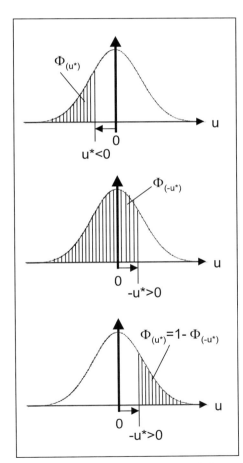

Zunächst liest man den Anteilswert des absoluten Schwellenwertes $|u| = 0,8$ aus der Tabelle ab.
Man erhält $\Phi_{(0,8)} = 0,7881 = 78,81\%$. Aufgrund der Symmetrie der Normalverteilung erhält man den gesuchten Anteilswert wie folgt:

$$\Phi_{(-0,8)} = 1 - \Phi_{(0,8)} = 1 - 0,7881 = 0,2119$$

Es befinden sich also 21,19% der Werte links neben dem Schwellenwert u= -0,8.

Aus Bild 46 geht folgende allgemeine Berechnungsformel für die Ermittlung der Anteilswerte Φ hervor:

$$\boxed{\Phi_{(-u)} = 1 - \Phi_{(u)}}$$

Aufgrund dieser Symmetriebedingung kann in Tabelle 1 (Anhang 8.1) auf die Darstellung der Anteilswerte für negative Schwellenwerte verzichtet werden.

Bild 46: Ermittlung der Anteilswerte Φ bei negativen Schwellenwerten u

5.2 t-Verteilung

Neben den Schwellenwerten der Normalverteilung werden in statistischen Verfahren häufig Schwellenwerte der t-Verteilung verwendet. Die Entstehung einer t-Verteilung kann man sich an folgendem Gedankenspiel veranschaulichen (vgl. Dietrich, Schulze / 8 /):

Einer normalverteilten Grundgesamtheit mit dem Mittelwert μ und der Standardabweichung σ werden sehr viele Stichproben (theoretisch unendlich viele) des Umfangs n entnommen. Von jeder Stichprobe kann $\bar{x}$ und s berechnet werden. Berechnet man nun die Werte

$$t = \frac{\bar{x} - \mu}{s} \cdot \sqrt{n}$$

so erhält man eine Verteilung, die als t-Verteilung oder Student-Verteilung bezeichnet wird. Sie ist wie die Normalverteilung symmetrisch, so dass wir auch hier einseitige und zweiseitige Schwellenwerte unterscheiden können. Bei der t-Verteilung ist zusätzlich der Parameter f = n-1, die Anzahl der Freiheitsgrade enthalten. Bei großen Stichprobenumfängen n nähert sich die t-Verteilung der Normalverteilung an.

Angewendet wird die t-Verteilung zur Berechnung des Vertrauensbereichs eines Mittelwertes. Hierzu sind die kritischen Werte bzw. die Schwellenwerte aus der Tabelle der t-Verteilung (Anhang 8.1, Tabelle 2) für 1-α (einseitiger Schwellenwert) oder 1-α/2 (zweiseitiger Schwellenwert) zu entnehmen.

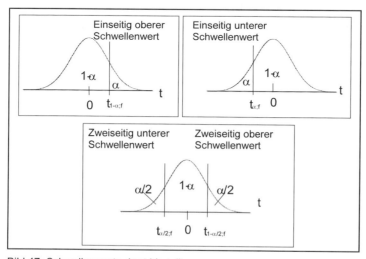

Bild 47: Schwellenwerte der t-Verteilung

Bei den t-Verteilungen sind die Schwellenwerte bei gleichem Wert 1-α grundsätzlich größer als bei der Normalverteilung. Betrachten wir z.B. die t-Verteilung für n=11, also f=n-1=10, so erhalten wir den zweiseitigen Schwellenwert von 1-α/2 = 97,5 % zu 2,228, statt wie bei der Normalverteilung zu 1,96. Zur Berechnung des Vertrauensbereichs einer Stichprobe von n=11 zu einem Niveau von α=5% wird deshalb nicht 1,96 sondern 2,228 als Schwellenwert verwendet.

Wird der Stichprobenumfang n größer, dann nähern sich die Schwellenwerte der t-Verteilung immer mehr dem Schwellenwert der Normalverteilung von 1,96 an (vergl. Tabelle 2 im Anhang).

Bei einem unendlichen Stichprobenumfang sind t-Verteilung und Normalverteilung identisch.

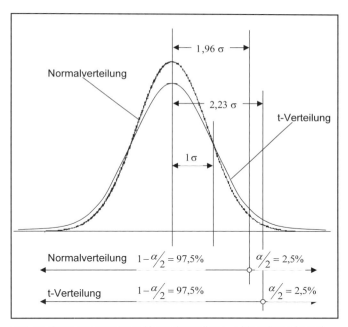

Bild 48: Gegenüberstellung Normalverteilung - t-Verteilung (n=11)

5.3 χ^2-Verteilung

Für den Rückschluss von der Stichprobenvarianz s^2 auf die Varianz der Grundgesamtheit σ^2 wird die χ^2-Verteilung angewendet. Sie ist eine asymmetrische Verteilung, so dass man die unteren bzw. oberen Schwellenwerte nicht durch Vorzeichenumkehr des jeweiligen anderen Schwellenwertes erhält. Die Entstehung einer χ^2-Verteilung kann man sich wie folgt veranschaulichen (vgl. Dietrich, Schulze / 8 /):

Einer normalverteilten Grundgesamtheit mit der Varianz σ^2 werden sehr viele Stichproben (theoretisch unendlich viele) des Umfangs n entnommen. Von jeder Stichprobe kann die Varianz s^2 berechnet werden.
Berechnet man nun die Werte

$$\chi^2 = f \cdot \frac{s^2}{\sigma^2} \qquad \text{mit dem Freiheitsgrad:} \quad f = n - 1$$

so erhält man eine Verteilung, die als χ^2-Verteilung bezeichnet wird.

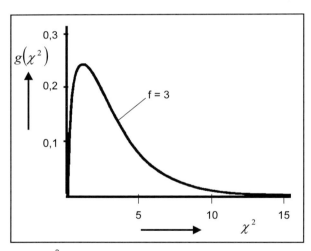

Bild 49: χ^2-Verteilung

5.4 F-Verteilung

Will man die Varianzen von Stichproben zweier Grundgesamtheiten vergleichen, so wird hierzu die F-Verteilung verwendet. Es handelt sich hierbei um eine a-symmetrische Verteilung, so dass man die unteren bzw. oberen Schwellenwerte nicht durch Vorzeichenumkehr des jeweiligen anderen Schwellenwertes erhält. Die Entstehung einer F-Verteilung kann man folgendermaßen beschreiben (vgl. Dietrich, Schulze / 8 /):

Einer normalverteilten Grundgesamtheit mit der Varianz σ^2 werden jeweils zwei Stichproben des Umfangs n_1 und n_2 entnommen. Wird diese Entnahme entsprechend häufig durchgeführt (theoretisch unendlich oft), so kann man die Werte

$$F = \frac{s_1^2}{s_2^2}$$

berechnen und erhält eine Verteilung, die als F-Verteilung bezeichnet wird.

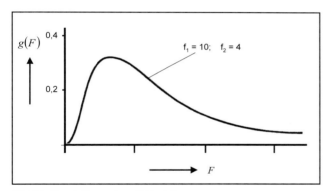

Bild 50: Darstellung einer F-Verteilung

5.5 Weitere Verteilungen von Messwertreihen

5.5.1 Allgemeines zu Verteilungsmodellen

Für die statistischen Methoden im Bereich des Qualitätsmanagements sind die bisherigen Verteilungen zur Beschreibung von Messwertreihen nicht ausreichend geeignet. Dies liegt daran, dass diese eher theoretischen Verteilungsfunktionen dem Verlauf der Häufigkeiten bei realen Messwerten nur unzureichend folgen. Laut einer gemeinsamen Studie von DaimlerChrysler und Ford aus dem Jahre 1999 können nur 2% aller Fertigungsprozesse in der Langzeitbetrachtung mit einer Normalverteilung beschrieben werden. Weitere 3% lassen sich durch sonstige eingipflige Verteilungsmodelle annähern, die restlichen 95% der Prozessdaten waren nur durch eine Mischverteilung sinnvoll zu beschreiben.

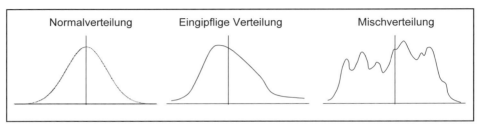

Bild 51: Verschiedene Verteilungsmodelle

Die Ursachen für die Abweichungen von den theoretischen Verteilungsfunktionen können u.a. wie folgt begründet werden:
- Trendverhalten,
- feststehende Werkzeuge
- unterschiedliche Fertigungszeiträume
- verschiedene Fertigungseinrichtungen
- Materialschwankungen

Bei der Überlagerung verschiedener Effekte kommt es dann in der Regel zu Mischverteilungen, deren Form sehr vielfältig sein kann. Merkmale, die aufgrund ihrer Eigenschaften nicht normalverteilt sind, haben bezüglich Ihrer Werte häufig natürliche Grenzen. Da Werte ober- bzw. unterhalb dieser Grenzen nicht vorkommen können, werden die Verteilungen an diesen Stellen regelrecht abgeschnitten (vgl. auch Beispiel 36). Bei Längenmaßen treten z.B. niemals negative Werte auf, die Untergrenze liegt hier bei Null.

Werden Werkstücke mit sehr kleinen Abmessungen gemessen, so kann das Ergebnis wie in Bild 52 aussehen:

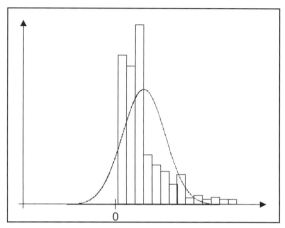

Bild 52: Anpassung durch Normalverteilung

Man erkennt deutlich, dass die Verteilung knapp oberhalb der Nulllinie abgeschnitten wird. Eine Anpassung durch eine Normalverteilung wäre in diesem Fall sicherlich falsch. Ein besseres Ergebnis liefert hier die Anpassung durch eine logarithmische Normalverteilung (Bild 53).

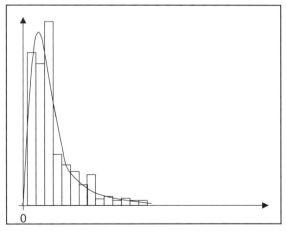

Bild 53: Anpassung durch logarithmische Normalverteilung

Auch bei Merkmalen wie Drehmoment, Schichtdicke oder Härte liegen häufig Grenzen vor, die nicht über- oder unterschritten werden sollen. Die Überschreitung der Grenzen wird dadurch verhindert, dass der Herstellprozess in der Nähe dieser Grenzen entsprechend geregelt wird, so dass in der Nähe dieser Grenzen Verformungen der Verteilungen auftreten.

Eine wesentliche Herausforderung bei der Beschreibung von Messdaten liegt deshalb in der korrekten Bestimmung des beschreibenden Modells. Hierzu dienen folgende Verfahren:
- Transformation von Messwertreihen
- Verteilungsmodelle
  - logarithmische Normalverteilung
  - Betragsverteilung 1. Art
  - Betragsverteilung 2. Art (Rayleigh-Verteilung)
  - Weibull-Verteilung
- Pearson-Funktionen
- Johnson-Transformationen
- Mischverteilung

Wann welche Verteilungsform zum Tragen kommt, hängt von den physikalischen Eigenschaften des Merkmals ab. Im Folgenden werden die Möglichkeiten der modellhaften Beschreibung von Messwertreihen vorgestellt. Es kann dabei vorkommen, dass eine Messwertreihe durch mehrere Verteilungsmodelle in ähnlich guter Weise angepasst wird.

5.5.2 Verschiebung und Transformation von Messwertreihen

Eine Modellanpassung kann mit Hilfe einer Transformation erfolgen. Dabei werden die Werte mit einer beliebigen Funktion so verändert, dass sie im transformierten Bereich einem der oben genannten Verteilungsmodelle (in der Regel der Normalverteilung) entsprechen. Die Berechnung der statistischen Kennwerte erfolgt mit dem angenommenen Verteilungsmodell. Dabei sind die Spezifikationsgrenzen ebenfalls zu transformieren. Typische Transformationen sind die Wurzeltransformationen bzw. die logarithmischen Transformationen mit Verschiebung oder mit Spiegelung.

Beispiel 21: Logarithmische Transformation mit Verschiebung   Datei: Stqm0062 Transv....mdd

Eine Messwertreihe soll in folgender Form vorliegen:

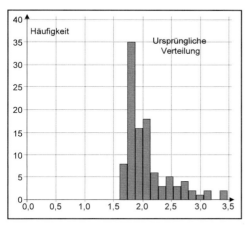

Bild 54: Messwertreihe mit linkssteiler Verteilung

Wie man sieht, liegt hier eine linkssteile Verteilung vor, deren kleinster Wert bei ca. 1,6 liegt. Eine Anpassung mit Hilfe einer Normalverteilung wäre hier sicherlich falsch. Eine logarithmische Verteilung hat ihren steilen Anstieg zwischen 0 und 1, so dass eine direkte Anpassung durch eine Log-Verteilung in diesem Zustand noch nicht sinnvoll ist. Wenn wir die Werte jedoch zunächst um a = -1,5 nach links Verschieben, so erhalten wir Bild 55. Diese Darstellung ähnelt nun eher einer logarithmischen Verteilung.

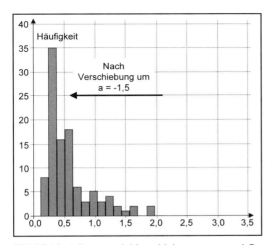

Bild 55: Verteilung nach Verschiebung um a = -1,5

Wenn wir nun alle Werte der verschobenen Messreihe logarithmieren, dann ergibt sich eine Darstellung, die einer Normalverteilung gleicht. Wir haben also durch Verschiebung und Logarithmierung eine transformierte Verteilung erhalten, die einer Normalverteilung entspricht.

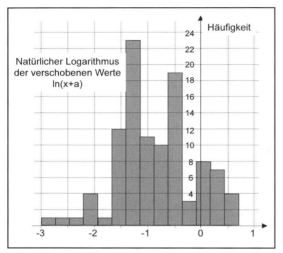

Bild 56: Verteilung nach Verschiebung und Logarithmierung

Beispiel 22: Logarithmische Transformation mit Spiegelung   Datei: Stqm0063 Transv....mdd

Eine Messwertreihe soll in folgender Form vorliegen:

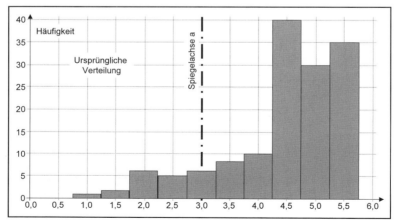

Bild 57: Ursprüngliche Messwertreihe mit rechtssteiler Verteilung

Um bei dieser rechtssteilen Verteilung eine annähernd logarithmische Verteilung zu erhalten, spiegeln wir die Werte an der Spiegelachse a. Hierzu sind die Werte der Verteilung wie folgt umzurechnen:

$$a-(x-a) = 2a - x$$

Wählen wir die Spiegelachse zu a=3 und liegt der x-Wert z.B. bei 5,5, so erhalten wir den gespiegelten Wert zu 3-(5,5-3)=0,5. Nach Spiegelung aller Werte erhalten wir die folgende Darstellung:

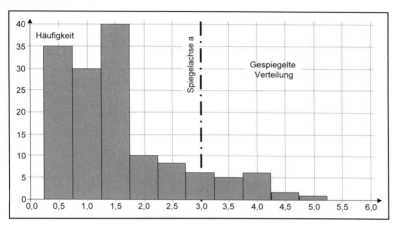

Bild 58: Verteilung nach Spiegelung an der Achse a=3

Um nun annähernd eine Normalverteilung zu erhalten, logarithmieren wir die Werte und erhalten folgendes Bild:

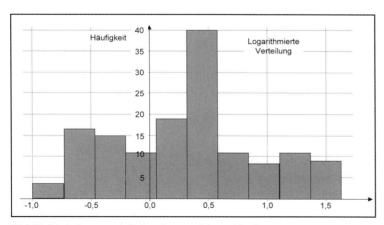

Bild 59: Verteilung nach Spiegelung und Logarithmierung

Wir haben also diesmal durch Spiegelung und Logarithmierung eine transformierte Verteilung erhalten, die einer Normalverteilung entspricht.

Durch Verschiebung und Transformation kann also das ursprüngliche Bild einer Verteilung in ein bekanntes Verteilungsmodell, z.B. das der Normalverteilung, umgewandelt werden. Durch die Verwendung einer mathematischen Transformation wird dabei die x-Achse entsprechend der verwendeten Funktion gedehnt oder gestaucht, indem alle Werte der Messreihe mit der gewählten Funktion behandelt werden. Diese Vorgehensweise werden wir auch an anderer Stelle bei der nichtlinearen Regression kennen lernen (vgl. Abschnitt 7.4).

5.5.3 Logarithmische Normalverteilung

Die logarithmische Normalverteilung hat für die modellhafte Beschreibung von Messreihen an Bedeutung verloren. Dies liegt daran, dass technische Zusammenhänge durch diese Verteilungsform nur unzureichend abgebildet werden. Sie wird jedoch bei manuellen Auswertungen nach wie vor wegen der leichten Handhabung verwendet.

Dieses Verteilungsmodell kann eingesetzt werden, wenn ein Merkmal einseitig begrenzt ist. Da eine Messwertreihe linear verschoben bzw. gespiegelt werden kann (vgl. Abschnitt 5.5.2), ist die logarithmische Normalverteilung sowohl für links- als auch rechtssteile Häufigkeitsverteilungen einsetzbar. Damit können einseitig nach oben oder nach unten begrenzte Merkmale mit diesem Modell beschrieben werden. Typische Beispiele sind: Form- und Lagemaße wie Rundheit, Koaxialität, Ebenheit, unter Umständen auch Oberflächenkennwerte, Schichtdicken und Härtewerte. Beispiele für die Verwendung dieser Verteilung sind in Abschnitt 5.5.2 dargestellt.

5.5.4 Betragsverteilung 1. Art

Bei dieser Verteilung wird die Normalverteilung an einem beliebigen Punkt $\mu_f \leq \mu$ gefaltet. Durch die Faltung werden die Werte links von dem Faltungspunkt denen rechts vom Faltungspunkt zugeschlagen.

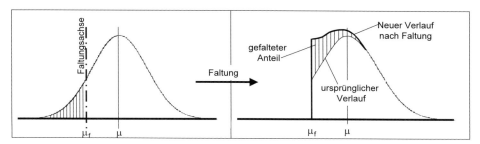

Bild 60: Faltung der Normalverteilung am Punkt μ_f

Ein Sonderfall ist hierbei die Faltung genau am Mittelwert der Normalverteilung.

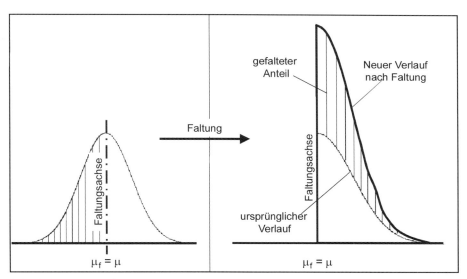

Bild 61: Faltung der Normalverteilung am Mittelwert

5.5.5 Betragsverteilung 2. Art (Rayleigh-Verteilung)

Diese Rayleigh-Verteilung leitet sich aus einer zweidimensionalen Verteilung ab. Eine zweidimensionale Verteilung entsteht immer dann, wenn zwei zufällig auftretende Werte miteinander kombiniert werden. Soll z.B. in ein rechteckiges Werkstück an einer bestimmten Stelle eine Bohrung eingebracht werden, so können jeweils zufällige Abweichungen in x- und y-Richtung auftreten. Das folgende Bild zeigt eine mögliche Verteilung von Bohrungen.

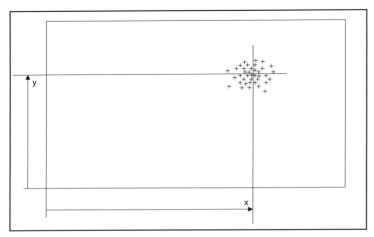

Bild 62: Abweichungen von Bohrungen in x- und y-Richtung

Wenn wie hier die Verteilungen der beiden Einzelkomponenten als gleichwertig angesehen werden können, so kann man diese wie folgt zusammenfassen:

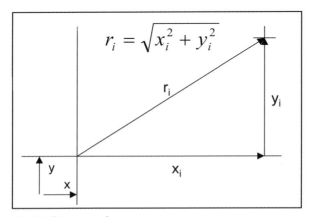

$$r_i = \sqrt{x_i^2 + y_i^2}$$

Bild 63: Zusammenfassung

Durch die Umrechnung erhält man die eindimensionale Rayleigh-Verteilung.

Diese Verteilung enthält nur positive Werte beginnend bei Null. Sind die beiden ursprünglichen Verteilungsformen normalverteilt und haben diese die Standardabweichungen σ_x und σ_y, so erhält man:

$$\rho = \sqrt{\sigma_x^2 + \sigma_y^2}$$

Zwischen 0 und ρ liegen dabei 68,27% der Messwerte. Das folgende Bild 64 zeigt das Zustandekommen der Rayleigh-Verteilung.

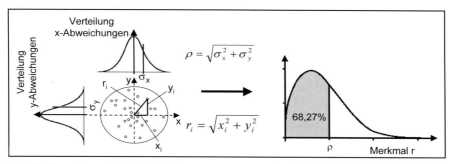

Bild 64: Entstehung der Rayleigh-Verteilung aus zwei unabhängigen Normalverteilungen

Beispiel 23: Beispiel für eine Rayleigh-Verteilung   Datei: Stqm0064 Transv....mdd

Beim Bohren von Löchern in Werkstücke ergab sich folgende Verteilung von Abweichungen vom Sollwert in der y-Richtung:

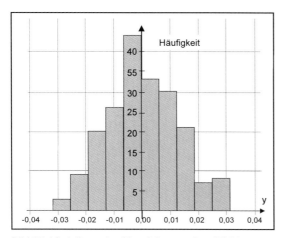

Bild 65: Verteilung der Abweichungen in y-Richtung

Die entsprechende Verteilung in x-Richtung zeigt das folgende Bild:

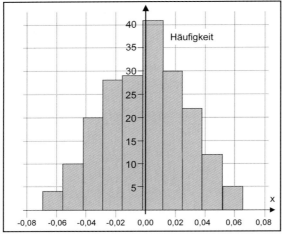

Bild 66: Verteilung der Werte in x-Richtung

Will man nun die entsprechende Rayleigh-Verteilung erzeugen, so muss jedes Wertepaar wie folgt transformiert werden:

$$r_i = \sqrt{x_i^2 + y_i^2}$$

Nach der Transformation erhalten wir die gewünschte Verteilung:

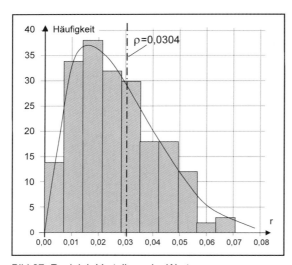

Bild 67: Rayleigh-Verteilung der Wertepaare

Die Standardabweichung der Verteilung der y-Abweichungen beträgt s_y=0,01288, die der x-Abweichungen s_x=0,02755. Daraus ergibt sich die Grenze ρ zu:

$$\rho = \sqrt{s_x^2 + s_y^2} = \sqrt{0,02755^2 + 0,01288^2} = 0,0304$$

Daraus folgt, dass ca. 66% der Werte eine geringere Abweichung vom Zentrum haben als 0,0304.

Auch eine Rayleigh-Verteilung kann an einer beliebigen Achse gefaltet werden.

5.5.6 Weibull-Verteilung

Die Weibull-Verteilung wurde erstmals bei Lebensdaueruntersuchungen, speziell auch in der Bruchmechanik, verwendet (Weibull, W. / 10 /).

Es hat sich herausgestellt, dass diese Verteilung das Ausfallverhalten von technischen Bauteilen, z.B. von Glühlampen, Elektronenröhren oder Kugellagern, am günstigsten widerspiegelt. Weiterhin gelingt mit dieser Verteilung auch eine statistische Beschreibung von Windgeschwindigkeiten, z.B. als Hilfsmittel zur Auslegung von Windkraftanlagen. Sie ist eine übergeordnete, vielseitig einsetzbare Modellverteilung, die sich aufgrund ihrer mathematischen Eigenschaften vielen Formen von Häufigkeitsverteilungen anpasst.

Die Form der Weibull-Verteilung wird durch die drei Parameter (α, β und a) beschrieben.
α - Maßstabsparameter, kennzeichnet die charakteristische Lebensdauer
β - Formparameter
a - Lageparameter

Durch die Auswahl des Formparameters β kann sich die Weibull-Verteilung prinzipiell jeder anderen Verteilungsform anpassen, z.B.:

β = 0,5
Frühausfälle, z.B. wegen Fertigungsfehlern

β = 1 (entspricht der Exponentialverteilung)
Zufallsausfälle mit konstanter Ausfallrate

β > 1 (entspricht der logarithmischen Normalverteilung)
Alterungs-, Ermüdungs- und/oder Verschleißausfälle mit zeitlich zunehmender Ausfallwahrscheinlichkeit.

Sonderfälle:
β = 2 (entspricht der Rayleigh-Verteilung)
Linearer Anstieg der Ausfallrate

β = 3,6 (entspricht der Normalverteilung)

Die folgende Darstellung zeigt beispielhaft drei verschiedene Verteilungsformen der Weibull-Verteilung für verschiedene β.

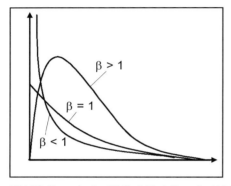

Bild 68: Formen der Weibull-Verteilung in Abhängigkeit von β

5.5.7 Pearson-Funktionen

Die Pearson-Funktionen sind eine weitere Möglichkeit, eingipflige Verteilungen modellhaft zu beschreiben. Dabei handelt es sich um ein System von insgesamt 14 Verteilungen. Die Auswahl der jeweiligen Verteilung erfolgt anhand der Stichprobenkennwerte Schiefe und Wölbung.

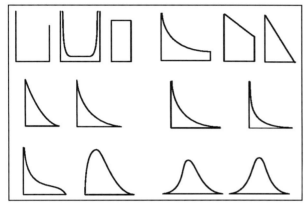

Bild 69: Verschiedene Formen von Pearson-Funktionen

5.5.8 Johnson-Transformationen

Basierend auf der Möglichkeit, Werte zu transformieren, entwickelte der amerikanische Mathematiker Johnson ein Transformationssystem, mit dem alle wichtigen kontinuierlichen Verteilungstypen in die Normalverteilung überführt werden können. Die Grundlage für die Transformation bilden die Formkenngrößen Schiefe (g_1) und Wölbung (g_2).

5.5.9 Mischverteilungen

Die Mischverteilung beruht auf der Momentenmethode (vgl. Hartung / 1 / und Dietrich, Schulze / 8 /). Durch diese Methode lassen sich auch mehrgipflige Verteilungen weitgehend charakterisieren. Das folgende Bild 70 zeigt die Anpassung einer Mischverteilung durch diese Methode.

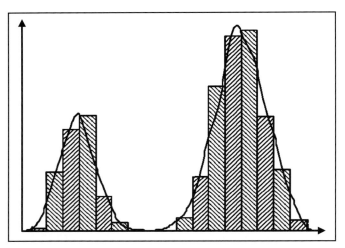

Bild 70: Anpassung einer Mischverteilung durch die Momentenmethode

Mit den klassischen Verteilungsmodellen wie Normalverteilung, logarithmische Verteilung, Betragsverteilung erster bzw. zweiter Art oder Weibull-Verteilung kann ein solcher Datensatz nicht korrekt beschrieben werden. Selbst Verteilungsmodelle wie Pearson-Funktion oder Johnson-Transformation führen zu keinem sinnvollen Ergebnis, da diese Modelle in erster Linie für eingipflige Verteilungen geeignet sind.

Die Berechnungsmethodik ist aufgrund des hohen Aufwands ohne Rechnereinsatz nicht mehr anwendbar.

5.5.10 Zweidimensionale Normalverteilung

Eine zweidimensionale Verteilung haben wir bereits in Abschnitt 5.5.5 kennen gelernt. Dort wurde die zweidimensionale Verteilung durch die Berechnung der Abstände vom Zentrum in eine eindimensionale Rayleigh-Verteilung transformiert. Natürlich können zweidimensionale Verteilungen auch durch entsprechende Normalverteilungen in x- und y-Richtung angenähert werden. Das folgende Bild zeigt eine derartige Annäherung:

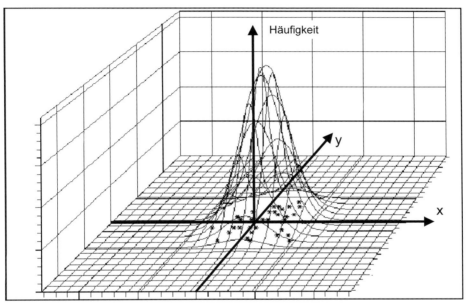

Bild 71: Annäherung durch zweidimensionale Normalverteilung

5.6 Auswahl von Verteilungsmodellen

Die Auswahl des Verteilungsmodells hängt von den jeweiligen physikalischen Eigenschaften des Merkmals ab. Betrachten wir z.B. die Form- und Lagetoleranzen gemäß DIN ISO 1101, so ergeben sich für die verschiedenen Merkmale häufig folgende Anpassungsformen (vgl. Dietrich, Schulze / 8 /):

Merkmal				Merkmal			
Formtoleranzen				Lagetoleranzen			
Gruppe	Symbol	Bezeichnung	mögliches Verteilungsmodell	Gruppe	Symbol	Bezeichnung	mögliches Verteilungsmodell
Flachformtoleranzen	——	Geradheit	Betragsverteilung 1. Art	Richtungstoleranzen	//	Parallelität	Betragsverteilung 1. Art
	▱	Ebenheit	Betragsverteilung 1. Art		⊥	Rechtwinkligkeit	Betragsverteilung 1. Art
Rundformtoleranzen	◯	Rundheit	Betragsverteilung 1. Art		∕	Neigung	Betragsverteilung 1. Art
	⌀	Zylindrizität	Betragsverteilung 1. Art	Ortstoleranzen	⊕	Position	Rayleigh-Verteilung
Profilformtoleranzen	⌒	Profilform einer Linie	Betragsverteilung 1. Art		◎	Koaxialität, Konzentrizität	Rayleigh-Verteilung
	⌓	Profilform einer Fläche	Betragsverteilung 1. Art		===	Symmetrie	Betragsverteilung 1. Art
sonstige Merkmale		Rauheit	Betragsverteilung 1. Art	Lauftoleranzen		Rundlauf	Betragsv. 1. Art / Raileigh
		Unwucht	Rayleigh-Verteilung		↗ ↗↗	Planlauf	Betragsverteilung 1. Art
		Drehmoment	Normalverteilung				
		Längen	Normalverteilung				

Bild 72: Technische Merkmale mit ihren möglichen Verteilungsmodellen

Bei der Auswahl von geeigneten Verteilungsmodellen zur Beschreibung einer Messreihe kann es vorkommen, dass mehrere Modelle in ähnlich guter Weise geeignet sind. Hierbei sollte als oberstes Gebot Folgendes gelten:

Keine Beurteilung ohne technisches Hintergrundwissen !

Es ist nicht sinnvoll, einen Datensatz ohne die Betrachtung seiner Entstehungs-geschichte beliebigen mathematischen Verfahren zu unterziehen. Besser ist es, ein zu erwartendes Verteilungsmodell aufgrund des Fertigungsprozesses vor-zugeben und dessen Bestätigung zu prüfen.

Wird ein Modell nicht bestätigt, deutet dies in der Regel auf eine Prozessstörung oder andere Randbedingungen hin, die aus technischen und wirtschaftlichen Gegebenheiten oft nicht geändert werden können. Die Ursachen hierfür sind zu finden und zu begründen. Für diesen Fall weicht die Messwertreihe von dem „I-dealmodell" ab. Soll diese mit statistischen Verfahren beschrieben werden, führt nur ein „best angepasstes" Modell zu korrekten Ergebnissen. Für die Auswahl bietet sich eine rechnergestützte Vorgehensweise an, wobei die Verteilungs-modelle gemäß ihrer Anpassung bewertet werden können. Außerdem können die unterschiedlichen Lösungen grafisch miteinander verglichen werden.

Zur Auswahl von Verteilungsmodellen können folgende Verfahren unterschie-den werden:
- Auswahl anhand grafischer Darstellungen
- Auswahl mit Hilfe der Netzregression

Bei der grafischen Methode hängt die Auswahl stark von der subjektiven Beur-teilung des Auswählenden ab. Die Ergebnisse dieser Auswahl führen immer wieder zu Diskussionen, so dass nur erfahrene Fachleute in der Lage sind, so das zutreffende Verteilungsmodell zu finden. Um zu einer objektiveren Ent-scheidungsmöglichkeit zu kommen, sollten ergänzend numerische Verfahren zur Beurteilung verwendet werden. Vor allem ist bei der grafischen Beurteilung keine automatisierte Bestimmung eines geeigneten Verteilungsmodells möglich, wie sie bei einer kontinuierlichen Prozessbeurteilung unabdingbar ist.

Als ein sehr gutes Beurteilungskriterium hat sich die Berechnung eines Regres-sionskoeffizienten herausgestellt, der das theoretische Modell mit den realen Werten vergleicht. Dieser liefert ein Maß für die Übereinstimmung zwischen den Messwerten und einer gewählten Modellverteilung. Mit diesen Verfahren wird für jedes Verteilungsmodell ein Zahlenwert angegeben, der eine Aussage über die Güte der Anpassung zulässt. Das Modell mit dem höchsten Zahlenwert ist aus numerischer Sicht das „best angepasste". Erzielen Verteilungsmodelle gleiche oder sehr nah beieinander liegende Ergebnisse, sollte das Modell ausgewählt werden, das aufgrund der technischen Eigenschaften des Prozesses zu erwar-ten gewesen wäre. Mit dem Verfahren der Netzregression liegen seit mehreren Jahren sehr positive Erfahrungen vor.

6 Schließende Statistik

6.1 Stichprobe und Grundgesamtheit

Im Rahmen der beschreibenden (deskriptiven) Statistik haben wir Kenngrößen und Darstellungsarten kennen gelernt, die sich auf die Stichprobe selbst beziehen. Wie in Abschnitt 1.2 erwähnt, macht man aufgrund von zufälligen Beobachtungen aber auch Aussagen über die zugrundeliegende Grundgesamtheit.

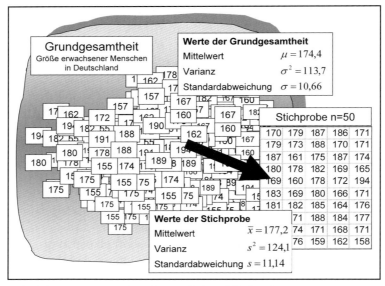

Bild 73: Darstellung von Grundgesamtheit und Stichprobe

Wollte man die mittlere Größe von erwachsenen Menschen in Deutschland ermitteln, so müsste man die Größe jedes Einzelnen kennen. Da dies mit einem unverhältnismäßig großen Aufwand verbunden wäre, nimmt man lediglich eine Stichprobe von 50 Werten aus dieser Grundgesamtheit (siehe Bild 73).

Wir nehmen nun an, der wahre Mittelwert der Grundgesamtheit betrage $\mu=174{,}4$. Wir sehen, dass der Mittelwert der Stichprobe mit 177,2 nicht exakt mit dem Wert der Grundgesamtheit übereinstimmt. Die Ursache für diese Abweichung liegt natürlich in der zufälligen Auswahl unserer Stichprobe. Die Aufgabe der schließenden Statistik ist es nun, abzuschätzen, wie gut der Mittelwert der Stichprobe mit dem der Grundgesamtheit übereinstimmt. Insbesondere interessiert hier, in welchem Bereich um den Mittelwert der Stichprobe herum der wahre Wert mit einer gewissen Wahrscheinlichkeit liegt.

6.2 Vertrauensbereich für den arithmetischen Mittelwert

Aus der Darstellung der Grundgesamtheit geht hervor, dass zur Berechnung eines Mittelwertes häufig nicht alle Daten herangezogen werden können, sondern lediglich eine Untermenge; die wahre Größe der Grundgesamtheit bleibt dagegen unbekannt. Man sagt auch, der Mittelwert der Stichprobe soll eine möglichst gute Schätzung des wahren Mittelwertes der Grundgesamtheit sein.

Außerdem ist in vielen Fällen die Grundgesamtheit unendlich bzw. überabzählbar unendlich groß. Das bedeutet, dass wir niemals die wahren Größen für Mittelwert, Varianz, Standardabweichung oder Variationszahl ermitteln können, sondern lediglich die Werte unserer beschränkten Messstichprobe. Um nun zumindest mit einer gewissen Wahrscheinlichkeit Annahmen über die wahren Werte machen zu können, wird der Vertrauensbereich bestimmt, der beim arithmetischen Mittelwert wie folgt definiert werden kann:

Der Vertrauensbereich ist ein Bereich um den arithmetischen Mittelwert herum, für den mit einer gewissen Wahrscheinlichkeit (1-α) gesagt werden kann, dass der wahre Mittelwert der unbekannten Grundgesamtheit innerhalb dieses Bereiches liegt.

Umgekehrt heißt dies natürlich, dass der wahre Mittelwert der Grundgesamtheit mit einer gewissen Wahrscheinlichkeit α außerhalb dieses Bereiches liegt.

In der betrieblichen Praxis hat man sich darauf geeinigt, dass eine Wahrscheinlichkeit von (1-α)=95% ausreicht. Das heißt in 95% aller Fälle soll der wahre Mittelwert der unbekannten Grundgesamtheit innerhalb der Vertrauensbereichsgrenzen liegen und nur in α=5% der Fälle darf er außerhalb liegen. Der halbe Vertrauensbereich wird nach folgender Formel berechnet:

$$\frac{VB}{2} = \pm t_{\left(1-\alpha/2, n-1\right)} \cdot \frac{s}{\sqrt{n}}$$

$t_{\left(1-\alpha/2, n-1\right)}$: zweiseitiger oberer Schwellenwert der t - Verteilung

s : Standardabweichung

n : Anz.Messungen, $\alpha/2 = 0{,}025 = 2{,}5\%$ Aussagewahrscheinlichkeit

In der folgenden Darstellung liegt der Schwellenwert der t-Verteilung von 10 Messpunkten etwa bei 2,2 und bei einer höheren Messpunktzahl nur unwesentlich darunter. Bei 100 Messpunkten liegt der Wert etwa bei 1,98, bei unendlich vielen Messpunkten bei dem Grenzwert von 1,96 (vgl. Abschnitt 5.2). Da sich die Standardabweichung s bei zunehmender Messpunktzahl wenig ändert, kann durch Erhöhung der Messpunktzahl der Vertrauensbereich VB beliebig klein werden.

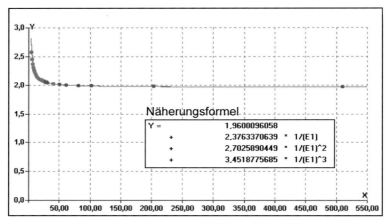

Bild 74: Darstellung der Schwellenwerte der t-Verteilung für $\alpha = 5\%$

Beispiel 24: Stichproben aus 200 Zufallszahlen

127	104	121	95	88	131	126	122	111	89
108	111	92	129	133	108	112	123	98	91
99	112	123	116	105	125	90	93	131	113
103	136	86	95	101	87	98	98	107	85
137	101	109	115	92	127	106	109	133	105
122	89	96	92	95	90	103	100	107	122
92	119	108	89	100	116	116	115	87	112
98	97	123	119	90	135	88	113	111	98
100	99	110	121	100	106	134	134	100	125
90	132	94	87	125	124	110	111	119	93
98	89	85	108	118	94	113	98	94	124
102	131	110	114	122	120	123	105	135	113
100	121	120	97	105	119	123	108	112	98
99	104	113	119	102	102	137	91	135	103
135	88	130	122	114	111	88	99	93	97
130	136	134	109	90	113	130	102	87	128
131	114	118	85	113	117	137	100	94	95
134	109	132	109	107	134	94	123	102	133
106	110	91	119	109	126	111	128	86	98
119	118	127	90	112	118	101	131	125	98

Zunächst nehmen wir an, die Grundgesamtheit sei bekannt und bestehe aus insgesamt 200 Messpunkten. Die nebenstehende Tabelle zeigt alle Werte.

Folgende Kenngrößen werden für die angenommene Grundgesamtheit berechnet:

$x_{min} = 85$

$x_{max} = 137$

$\bar{x} = 109{,}78$

$s^2 = 216{,}042$

$s = 14{,}698$

Aus dieser Grundgesamtheit wollen wir nun eine Reihe von Stichproben ziehen und überprüfen, ob der Mittelwert der Grundgesamtheit innerhalb des jeweiligen Vertrauensbereichs liegt. Da die Werte der Grundgesamtheit nach dem Zufallsprinzip ausgewählt wurden, spielt die Reihenfolge der Stichprobenwerte keine Rolle.

Wir wählen 40 Stichproben mit jeweils 10 Elementen aus. Für jede Stichprobe berechnen wir den Mittelwert und die Unter- und Obergrenze des Vertrauensbereichs. Es ergeben sich folgende Tabellen:

Stich-probe	1	2	3	4	5	6	7	8	9	10	Mittel	VBu	VBo
21	127	104	121	95	88	131	126	122	111	89	111,4	99,5	123,2
22	108	111	92	129	133	108	112	123	98	91	110,5	100,1	120,9
23	99	112	123	116	105	125	90	93	131	113	110,6	100,7	120,5
24	103	136	86	95	101	87	98	98	107	85	99,7	89,1	110,3
25	137	101	109	115	92	127	106	109	133	105	113,5	103,1	123,8
26	122	89	96	92	95	90	103	100	107	122	101,6	93,1	110,2
27	92	119	108	89	100	116	116	115	87	112	105,4	96,5	114,4
28	98	97	123	119	90	135	88	113	111	98	107,1	96,0	118,1
29	100	99	110	121	100	106	134	134	100	125	112,9	102,5	123,2
30	90	132	94	87	125	124	110	111	119	93	108,5	96,7	120,4
Mittel	107,4	110,1	106,2	105,8	102,9	114,9	108,3	112,0	110,4	103,3			
Vbu	96,1	99,2	96,5	94,6	92,2	103,0	97,6	103,0	100,1	93,2			
Vbo	118,7	121,0	116,0	117,0	113,5	126,8	119,0	120,9	120,7	113,4			

Stich-probe	11	12	13	14	15	16	17	18	19	20	Mit-telwert	VBu	VBo
31	98	89	85	108	118	94	113	98	94	124	102,0	92,9	111,2
32	102	131	110	114	122	120	123	105	135	113	117,4	**109,8**	125,1
33	100	121	120	97	105	119	123	108	112	98	110,4	103,3	117,6
34	99	104	113	119	102	102	137	91	135	103	110,5	99,6	121,4
35	135	88	130	122	114	111	88	99	93	97	107,7	95,4	120,0
36	130	136	134	109	90	113	130	102	87	128	115,8	102,6	129,1
37	131	114	118	85	113	117	137	100	94	95	110,3	98,4	122,2
38	134	109	132	109	107	134	94	123	102	133	117,6	106,7	128,5
39	106	110	91	119	109	126	111	128	86	98	108,4	98,5	118,4
40	119	118	127	90	112	118	101	131	125	98	113,9	104,4	123,5
Mittel	115,5	112,1	116,1	107,3	109,0	115,3	115,7	108,3	106,3	108,7			
VBu	103,2	100,8	104,0	98,2	102,6	107,2	103,5	98,4	92,5	98,2			
Vbo	127,8	123,3	128,1	116,3	115,4	123,5	128,0	118,2	120,0	119,1			

Bild 75: 20 Stichproben von je zehn Werten nach dem Zufallsprinzip

Wie man sieht, liegt in nur einem Fall – und zwar bei der 32. Stichprobe – eine Überschreitung der Vertrauensbereichsgrenzen vor. In diesem Beispiel liegt also in 2,5% der Fälle der wahre Mittelwert der Grundgesamtheit nicht innerhalb des Vertrauensbereichs der Stichprobe.

Nun ist eine Stichprobenanzahl von 40 bei der Gesamtmenge der hier möglichen Stichproben von 10 bei 200 Werten nicht repräsentativ. Die Anzahl der möglichen Stichproben der Größe 10 berechnet sich in unserem Fall zu:

$$j = \binom{n}{k} = \frac{200 \cdot 199 \cdot 198 \cdot 197 \cdot 196 \cdot 195 \cdot 194 \cdot 193 \cdot 192 \cdot 191}{1 \cdot 2 \cdot 3 \cdot 4 \cdot 5 \cdot 6 \cdot 7 \cdot 8 \cdot 9 \cdot 10} = 2{,}2451 \cdot 10^{16}$$

Zur Verdeutlichung: i = 22.451.000.000.000.000

Daraus ergibt sich eine mögliche Anzahl von Stichproben der Größe 10, bei denen der Mittelwert der Grundgesamtheit nicht innerhalb des Vertrauensbereichs der Stichprobe liegt von:

$$m = 0{,}05 \cdot 2{,}2451 \cdot 10^{16} = 1{,}1225 \cdot 10^{15} \text{ (Aussagewahrscheinlichkeit } 1-\alpha=1-0{,}05=95\%)$$

Es ist zum Beispiel relativ leicht, eine Stichprobe zu ziehen, bei der der Mittelwert der Grundgesamtheit nicht im Vertrauensbereich der Stichprobe liegt, indem man sich aus der vorliegenden Grundgesamtheit gezielt Werte heraussucht, die besonders stark vom Mittelwert der Grundgesamtheit abweichen, also besonders kleine oder besonders große Werte. Die folgenden beiden Stichproben stellen besondere Extreme dar, weil jeweils die kleinstmögliche bzw. die größtmögliche Kombination gewählt wurde.

1	85	85	85	86	86	87	87	87	87	88
2	134	134	134	135	135	135	136	136	137	137

$\bar{x}_1 = 86.3$ mit: $VB_{unten} = 85.542$ und $VB_{oben} = 87.058$

$\bar{x}_2 = 135.3$ mit: $VB_{unten} = 134.470$ und $VB_{oben} = 136.130$

An diesem Beispiel kann man gut erkennen, dass eine gezielte Auswahl der Stichprobe zu Werten führen kann, die offensichtlich völlig falsch sind. Aus diesem Grund wird gefordert, dass die Auswahl der Stichprobe nach dem Zufallsprinzip erfolgen muss.

Epsilon ε

Beziehen wir den Absolutwert des halben Vertrauensbereichs auf den Mittelwert, so erhalten wir mit der Kenngröße ε den relativen halben Vertrauensbereich.

$$\varepsilon = \frac{\frac{VB}{2}}{\bar{x}} \cdot 100\% = \frac{t_{(1-\alpha/2,\,n-1)} \cdot \frac{s}{\sqrt{n}}}{\bar{x}} \cdot 100\%$$

Geforderter Vertrauensbereich

Wie schon bei den Anteilswerten (Abschnitt 3.2) wird auch bei den quantitativen Daten häufig ein bestimmter Vertrauensbereich gefordert. Konnte dieser Wert noch nicht erreicht werden, ist es notwendig, weitere Stichprobenwerte zu erheben. Auch hier stellt sich die Frage, wie groß die Stichprobe sein muss, damit der geforderte Vertrauensbereich erreicht wird. Hierzu stellt man die Formel für die Berechnung von Epsilon nach n um. Es ergibt sich Folgendes:

$$\sqrt{n'} = \frac{t \cdot s}{\varepsilon' \cdot \overline{x}} \quad \Rightarrow \quad n' = \left(\frac{t \cdot s}{\varepsilon' \cdot \overline{x}} \right)^2$$

mit   n' :   erforderlicher Stichprobenumfang

und ε' :   geforderter relativer halber Vertrauensbereich

Da nun t vom noch nicht bekannten endgültigen Stichprobenumfang n abhängt, kann n' nur mit einem abgeschätzten t berechnet werden. Als ersten Schätzwert für t kann man z.B. das t für das aktuelle n verwenden. Im zweiten Schritt kann man das t für die sich aus dem erstem Schritt ergebende Messpunktzahl nehmen und die Berechnung erneut durchführen. Wir wollen dies anhand eines Beispiels näher erläutern.

Beispiel 25: Geforderter Vertrauensbereich   Datei: Stqm0065 geforderter VB.mdd

Gegeben sei die fünfte Stichprobe aus dem vorherigen Beispiel.

I	1	2	3	4	5	6	7	8	9	10
x_i	88	133	105	101	92	95	100	90	100	125

Wir erhalten folgende Kenngrößen:

$\overline{x}$ =   102,9

s   =   14,866

VB/2 =   10,639

ε =   10,340%

Da ein relativer halber Vertrauensbereich von ε'= 0,03 = 3% gefordert wird, sind noch weitere Messwerte zu erfassen. In einem ersten Berechnungsschritt mit $t_{(n=10)}$ = 2,262 (Anhang 8.1, Tabelle 2) berechnen wir n' wie folgt:

$$n_1' = \left(\frac{t_{(n=10)} \cdot s}{\varepsilon' \cdot \overline{x}} \right)^2 = \left(\frac{2,262 \cdot 14,866}{0,03 \cdot 102,9} \right)^2 = 118,66$$

Wir sehen, dass mit ca. 120 Messpunkten zu rechnen ist. Im Folgeschritt lässt sich n′ besser annähern, wenn wir $t_{(n=120)} = 1,98$ verwenden, wir erhalten:

$$n'_2 = \left(\frac{t_{(n=120)} \cdot s}{\varepsilon' \cdot \overline{x}} \right)^2 = \left(\frac{1,98 \cdot 14,866}{0,03 \cdot 102,9} \right)^2 = 90,92$$

Nun ist also mit einer Messpunktzahl von ca. 90 zu rechnen. Ein erneutes Einsetzen der gefundenen Anzahl ergibt einen Wert von 91,6, so dass eine weitere Berechnung nicht mehr erforderlich wird.

Kritische Interpretation von Vertrauensbereich und Epsilon

Bei Zeitmessungen wird für die Zulässigkeit von Daten für bestimmte Zwecke, z.B. für Zeitvorgaben als Leistungsmaß für die Entlohnung, ein Mindestwert für den relativen halben Vertrauensbereich gefordert. Wird dieser Wert erreicht, so wird angenommen, dass der zugehörige Mittelwert den genannten Anforderungen genügt. Diese vereinfachte Vorgehensweise birgt leider die Gefahr in sich, dass auch unzulängliche Mittelwerte für die Vorgabe von Bearbeitungszeiten vorgegeben werden. Wir wollen dies anhand eines einfachen Beispiels näher erläutern.

Beispiel 26: Zulässigkeit von Zeitdaten	Datei: Stqm0066 Zulässigkeit 1.mdd

Für eine bestimmte Tätigkeit wurden folgende Zeiten ermittelt:

i	1	2	3	4	5	6	7	8	9	10
x_i	47	38	33	34	35	72	92	12	38	76

Wir erhalten folgende Kenngrößen:

n = 10
$\overline{x}$ = 47,7
s = 24,454
v = 51,267%
VB/2 = 17,502
ε = 36,692%

Man erkennt sofort eine starke Streuung der Messwerte. Die Variationszahl v besagt, dass im Mittel eine Streuung von ca. 50% um den Mittelwert herum vorliegt.

Aufgrund der Anzahl von Messwerten und der vorhandenen Streuung wird ein ε von ca. 37% berechnet. Da ein ε' von 7% für die Verwendung des Mittelwertes gefordert wird, kann dieser Wert nicht genommen werden.

Nachdem der Versuch scheiterte, durch arbeitsgestalterische Maßnahmen die starke Streuung zu verringern, wird vorgeschlagen dies durch die Erhöhung des Stichprobenumfangs zu erreichen. Es wird also beschlossen weitere 50 Messungen durchzuführen. Das Ergebnis dieser Messungen ist Folgendes (vgl. Datei: Datei: Stqm0067 Zulässigkeit 2.mdd):

n	=	60
$\bar{x}$	=	57,45
s	=	27,041
v	=	47,069%
VB/2	=	6,987
ε	=	12,162%

Anstatt eine Verringerung der Streuung zu erreichen, erhöhte sich diese unwesentlich von 24,454 auf 27,041. Lediglich die relative Streuung verminderte sich geringfügig, weil der neue Mittelwert angestiegen ist. Man kann also durch die Erhöhung der Stichprobenzahl die Streuung nicht verringern. Im 2. Fall wird ein erforderlicher Stichprobenumfang von 177 Messwerten angegeben um ein ε' von 7% zu erreichen. Nach weiteren 120 Messungen erhalten wir folgendes Ergebnis (vgl. Datei: Stqm0068 Zulässigkeit 3.mdd):

n	=	180
$\bar{x}$	=	55,333
s	=	26,244
v	=	47,428%
VB/2	=	3,861
ε	=	6,977%

Mittelwert und Streuung bleiben wie erwartet nahezu unverändert, während sich der relative halbe Vertrauensbereich mit zunehmender Messpunktzahl auf unter 7% verringert.

An dieser Stelle muss man die Frage stellen: Ist der ermittelte Mittelwert als Vorgabezeit tatsächlich geeignet?

Angenommen, die je Auftrag anfallende Stückzahl liegt etwa zwischen 10 und 20 Teilen, so kann es vorkommen, dass die benötigte mittlere Stückzeit je Auftrag stark von dem vorgegebenen Mittelwert abweicht. Es wurden z.B. folgende Aufträge abgearbeitet:

n	13	18	15	11	14	16	13	11	16	10
$\overline{x}_n$	47	61	58	50	42	63	42	64	48	54
Diff.	-8	6	3	-5	-13	8	-13	9	-7	-1

Wie man sieht, treten je Einzelauftrag teilweise erhebliche Abweichungen vom Vorgabewert auf. Erst wenn die Auftragsstückzahl bei dem Stichprobenumfang liegt, der zur Ermittlung des abgesicherten Mittelwertes benötigt wurde, also bei ca. 180, kann dies vermieden werden.

Je nach Anwendungsfall kann also der erreichte ε'-Wert allein nicht ausreichend über die Verwendbarkeit eines Mittelwertes informieren. Als weitere wichtige Kriterien sollten folgende Kennzahlen hinzu genommen werden:
- Variationszahl ν, als Maß für die relative Streuung
- Stichprobenumfang n, der benötigt wurde um das geforderte ε zu erreichen.

Fazit: Wurde ein geforderter ε'-Wert nur aufgrund einer extrem hohen Messpunktzahl erreicht, so ist die zugehörige Streuung relativ groß. Aus diesem Grund kann der zugehörige Mittelwert nur bei entsprechend großen Stückzahlen je Einzelauftrag verwendet werden.

Anmerkung:
Wenn die **Mittelwerte** eines Ereignisses, z.B. die Zeitwerte eines Ablaufabschnittes, bei geringer Messpunktzahl stark streuen, so kann diese Streuung durch die Erhöhung der Messpunktzahl je Stichprobe verringert werden. Dies geschieht dadurch, dass sich die jeweiligen Extremwerte bei höherer Stichprobenzahl gegenseitig aufheben. Zunächst ist jedoch nach den Gründen für die Streuungen zu suchen. Sind diese u.a. auf unzureichende Einarbeitung des Mitarbeiters, mangelnde Arbeitsgestaltung, variierende Arbeitsmethoden oder unzulängliche Erfahrung des Messenden zurückzuführen, so sind entsprechende Maßnahmen zu ergreifen. Auf jeden Fall ist auf eine sorgfältige Ausbildung (REFA) und entsprechende Übung und Erfahrung des Beobachters zu achten.

6.3 Statistische Testverfahren

6.3.1 Allgemeines zu Testverfahren

Statistische Testverfahren dienen dazu, die Korrektheit von Aussagen zu überprüfen. Solche Aussagen können z.B. folgende sein:
- Die Grundgesamtheit ist normalverteilt!
- Die Anordnung der Messwerte ist zufällig!
- Der kleinste oder der größte Messwert ist ein Ausreißer!
- Die Stichproben zweier Mittelwerte gehören zur selben Grundgesamtheit!

Die Testverfahren können nicht immer die Richtigkeit einer derartigen Aussage bestätigen oder ausschließen, da es sich um zufällige Ereignisse handelt. Man kann jedoch mit einer gewissen Wahrscheinlichkeit sagen, dass die gewählte Aussage richtig oder falsch ist. In der Statistik wird die Aussage Nullhypothese genannt und mit H_0 bezeichnet, die Alternativ- oder auch Gegenhypothese wird mit H_1 bezeichnet. Bei einem Testverfahren kann man nun 4 verschiedene Fälle unterscheiden:

1. Test bestätigt Nullhypothese   und Nullhypothese ist richtig
2. Test bestätigt Nullhypothese   und Nullhypothese ist falsch
3. Test bestätigt Alternativhypothese und Alternativhypothese ist richtig
4. Test bestätigt Alternativhypothese und Alternativhypothese ist falsch

Bestätigt nun der Test die Alternativhypothese, so ist α die Wahrscheinlichkeit dafür, dass dies nicht richtig ist, sondern die Nullhypothese richtig gewesen wäre. Man nennt dies auch den Fehler der ersten Art.

Bestätigt der Test die Nullhypothese, so ist β die Wahrscheinlichkeit dafür, dass dies nicht richtig ist, sondern die Alternativhypothese richtig gewesen wäre. Man nennt dies auch den Fehler der zweiten Art.

Testergebnis	Wahrer Sachverhalt	
	H_0 trifft zu	H_0 trifft nicht zu
H_0 wird bestätigt	Richtige Entscheidung	Fehler 2. Art β
H_0 wird abgelehnt	Fehler 1. Art α	Richtige Enscheidung

Bild 76: Mögliche Testergebnisse

Beispiel 27: Testverfahren (vgl. auch Beck-Bornholt, Dubben / 9 /)

Es wurden 1100 Tests an Personen durchgeführt, wobei getestet wurde, ob die Personen sich mit einer bestimmten Krankheit infiziert haben (Nullhypothese H_0: infiziert). Von den 1100 Testpersonen sind 100 Personen infiziert und 1000 nicht infiziert. Zu der Sicherheit des Tests ist zu sagen, dass der Test mit 97%-iger Sicherheit einen Kranken identifiziert, d.h. von den 100 infizierten Personen haben 97 einen positiven und 3 irrtümlich einen negativen Befund. Weiterhin werden mit einer Sicherheit von 94% die Gesunden identifiziert, so dass von den 1000 Gesunden 60 irrtümlich einen positiven Befund erhalten. Insgesamt erhalten wir folgendes Bild:

Testergebnis	Wahrer Sachverhalt	
	H_0 trifft zu	H_0 trifft nicht zu
H_0 wird bestätigt	97	60
H_0 wird abgelehnt	3	940

Bild 77: Testergebnisse

Es stellt sich jetzt die Frage, mit welcher Wahrscheinlichkeit ist eine positiv getestete Person tatsächlich infiziert. Dies kann man ermitteln, indem man die Anzahl der günstigen Ereignisse (97) durch die Gesamtzahl der bestätigten Ereignisse (97+60) dividiert.

Umgekehrt kann man ermitteln, mit welcher Wahrscheinlichkeit eine Person infiziert ist, obwohl diese ein negatives Testergebnis hatte. Dies ergibt sich zu 3/943=0,32%

Ist bei einem Test bekannt, wie groß der Fehler 1. Art (α-Fehler) ist, so spricht man von einem **Test zum Niveau α** oder von einem **Niveau-α-Test**. Man ist bestrebt, Tests zu finden, die neben dem α-Fehler auch den Fehler 2. Art (β-Fehler) möglichst klein halten. Bei vielen Tests wird jedoch keine Angabe über den Fehler der 2. Art gemacht.

6.3.2 Zweiseitige und einseitige Tests

Bei der Durchführung von Tests werden zweiseitige und einseitige Tests unterschieden. Wurde z.B. der Mittelwert $\bar{x}$ einer Messreihe ermittelt, und soll untersucht werden, ob der Mittelwert μ der zugehörigen Grundgesamtheit gleich oder ungleich dem Mittelwert μ_0 der Grundgesamtheit der Nullhypothese ist, so werden die Hypothesen wie folgt formuliert:

Nullhypothese $H_0 : \mu = \mu_0$ Alternativhypothese $H_1 : \mu \neq \mu_0$

Dies nennt man einen **zweiseitigen Test**, weil μ kleiner oder größer als μ_0 sein kann, wenn der Test nicht bestanden wird. Gehen wir von einer normalverteilten Stichprobe aus, so erhalten wir folgendes Bild:

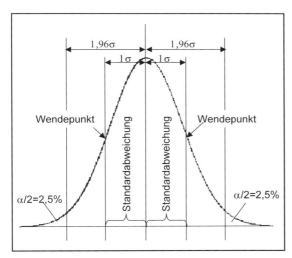

Bild 78: Zweiseitiger Test bei Normalverteilung

Wie man sieht, befinden sich 95% der Werte in einem Bereich 1,96 σ um den Mittelwert μ_0 herum. Mit anderen Worten, 2,5% der Werte liegen rechts von μ_0 + 1,96σ und 2,5% der Werte links von μ_0 - 1,96σ.

Führt man nun einen Test zum Niveau α = 5% durch, so sind jene Werte für μ abzulehnen die sich außerhalb des 95%-Bereichs befinden, also:
$\mu < \mu_0$ - 1,96 σ → H1
$\mu > \mu_0$ + 1,96 σ → H1
mit P($\mu < \mu_0$ -1,96 σ) = P($\mu > \mu_0$ +1,96 σ) = α / 2

Bei einseitigen Tests werden linksseitiger und rechtsseitiger Test unterschieden. Beim linksseitigen Test lauten z.B. die Hypothesen des oben beschriebenen Problems wie folgt:

Nullhypothese $H_0 : \mu \geq \mu_0$ Alternativhypothese $H1 : \mu < \mu_0$

Dieser Test wird immer dann bestanden, wenn μ rechts von einer Grenze in einem Bereich liegt, in dem sich $1-\alpha = 95\%$ ($\alpha = 5\%$) der Messwerte befinden. Analog ergeben sich die Hypothesen für den rechtsseitigen Test:

Nullhypothese $H_0 : \mu \leq \mu_0$ Alternativhypothese $H_1 : \mu > \mu_0$

Dieser Test wird immer dann bestanden, wenn μ links von einer Grenze in einem Bereich liegt, in dem sich $1-\alpha = 95\%$ ($\alpha = 5\%$) der Messwerte befinden.

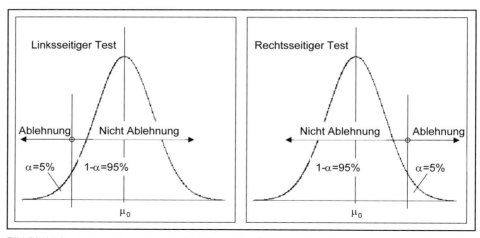

Bild 79: Links- und rechtsseitiger Test bei Normalverteilung

6.3.3 Allgemeine Vorgehensweise bei der Testdurchführung

Bei der Testdurchführung ist folgende Vorgehensweise sinnvoll:

1. Nullhypothese H_0 aufstellen
2. Alternativhypothese H_1 aufstellen
3. Prüf- oder Testgröße z berechnen oder ermitteln
   Eine Prüfgröße ist ein Wert, der durch das Einsetzen der Stichprobenwerte in eine Teststatistik ermittelt wird. Je nach Testverfahren kommen andere Verfahren zum Einsatz.
4. Kritischen Wert Z ermitteln
   Aufgrund der vorliegenden Verteilungsfunktion, z.B. Normalverteilung, kann der kritische Wert als Grenze zwischen H_0 und H_1 bestimmt werden. Die kritischen Werte werden meist aus Tabellen entnommen.
5. Vergleich von Prüfgröße und kritischem Wert
   Überschreitet die Prüfgröße z den kritischen Wert Z, so gilt H_0 als abgelehnt, andernfalls gilt H_0 als bestätigt. Existieren ein oberer und ein unterer kritischer Wert, so gilt H_0 als bestätigt, wenn die Prüfgröße zwischen den kritischen Werten liegt.

6.3.4 Test des arithmetischen Mittelwertes

Wir wollen diesen Test anhand eines einfachen Beispiels erläutern:

Beispiel 28: Abfüllen von Konservendosen   Datei: Stqm0070 Konservendosen

Beim Abfüllen von Konservendosen wurde das Inhaltsgewicht mit einer Waage gemessen und folgende Stichprobe ermittelt:

1	2	3	4	5	6	7	8	9	10	11	12	13	14	15
494	504	516	498	488	502	504	497	508	483	497	497	498	485	516

Der Mittelwert dieser Stichprobe beträgt $\bar{x} = 499{,}133$. Die Abfüllanlage soll nach Angabe des Herstellers bei richtiger Einstellung durchschnittlich 500 g abfüllen. Hier stellt sich die Frage, ob die Maschine richtig arbeitet oder nicht. Es ergeben sich folgende Hypothesen:

Nullhypothese $H_0 : \mu = \mu_0 = 500g$ Alternativhypothese $H_1 : \mu \neq \mu_0$

Zur Durchführung dieses zweiseitigen Tests wird zunächst die Standardabweichung s berechnet, es gilt:

$$s = \sqrt{\frac{1}{n-1} \cdot \sum_{i=1}^{n}\left(x_i - \bar{x}\right)^2} = 9{,}746$$

Anschließend wird die Prüfgröße z nach vorgegebener Formel errechnet:

$$z = \sqrt{n} \cdot \frac{|\bar{x} - \mu_0|}{s} = \sqrt{15} \cdot \frac{|499{,}133 - 500|}{9{,}746} = 0{,}344$$

Als Testgröße Z erhalten wir aus der Tabelle der t-Verteilung (Anhang 8.1, Tabelle 2) für den Freiheitsgrad FG=n-1=14 und 1-α/2=97,5% den Wert 2,145. Da gilt: z < Z wird H$_0$ bestätigt.

6.3.5 Test der Standardabweichung

Zu jeder Stichprobe, die man aus einer Grundgesamtheit zieht, kann die Standardabweichung berechnet werden. Beim vorherigen Beispiel „Abfüllen von Konservendosen" haben wir eine Standardabweichung von s=9,746 g berechnet. Man kann also von einem mittleren Fehler dieser Größenordnung ausgehen. Aus den Angaben des Herstellers geht hervor, dass die Anlage bei richtiger Einstellung und ansonsten fehlerfreiem Arbeiten eine Standardabweichung von σ = 8g bringt.

Hier stellt sich die Frage, ob die aufgrund der Stichprobe ermittelte Standardabweichung den Schluss zulässt, dass die Anlage fehlerhaft arbeitet oder ob es sich um eine zufällige Überschreitung handelt.

Es ergeben sich also folgende Hypothesen:
Nullhypothese   H$_0$:   s $\leq$ σ
Alternativhypothese: H$_1$:   s > σ

Zunächst berechnen wir die Prüfgröße mit der vorgegebenen Formel:

$$z = \chi^2_{Beob} = \frac{(n-1) \cdot s^2}{\sigma^2} = \frac{(15-1) \cdot 9{,}746^2}{8^2} = 20{,}777$$

Der kritische Wert Z wird aus der Tabelle der Chi-Quadrat-Verteilung (Anhang 8.1, Tabelle 3) für 1-α=95% und einem Freiheitsgrad von n-1= 14 abgelesen.
Es folgt: Z=23,68

Da gilt z < Z wird H$_0$ mit einer Wahrscheinlichkeit von 95% bestätigt.

6.3.6 Test für die Differenz zweier arithmetischer Mittelwerte

Wenn man feststellen möchte, ob die arithmetischen Mittelwerte zweier Grundgesamtheiten übereinstimmen, so müssen die beiden zugehörigen Messstichproben untersucht werden. Man nennt dies auch einen Zweistichproben-Test. Wir wollen auch diesen Test anhand des Konservendosen Beispiels erläutern:

Beispiel 29: Differenz zweier Mittelwerte   Datei: Stqm0070 Konservendosen

An einer anderen Abfüllanlage wurde eine zweite Stichprobe mit folgenden Werten gemessen:

1	2	3	4	5	6	7	8	9	10	11	12	13	14	15	16	17
490	499	508	509	516	490	508	496	496	506	518	483	512	510	501	497	504

Mittelwert und Standardabweichung dieser Stichprobe betragen:

$$\bar{x}_2 = 502,529$$
$$s_2 = 9,709$$

Hier stellt sich die Frage, ob die Abweichung des Mittelwerts der zweiten Anlage zufällig ist, oder ob die zweite Anlage tatsächlich mit einer höheren mittleren Füllmenge arbeitet. Es ergeben sich folgende Hypothesen:

Nullhypothese $H_0 : \mu_1 = \mu_2$ Alternativhypothese $H_1 : \mu_1 < \mu_2$

Wir berechnen nun die Prüfgröße mit der vorgegebenen Formel:

$$z = \frac{\bar{x}_1 - \bar{x}_2}{s_D} = \frac{\bar{x}_1 - \bar{x}_2}{\sqrt{\frac{(n_1 - 1)\cdot s_1^2 + (n_2 - 1)\cdot s_2^2}{n_1 + n_2 - 2}\cdot \frac{n_1 + n_2}{n_1 \cdot n_2}}} = \frac{499,133 - 502,529}{\sqrt{\frac{14\cdot 9,746^2 + 16\cdot 9,709^2}{30}\cdot \frac{32}{255}}}$$

Damit ergibt sich z zu -0,987.

Als Nächstes muss der kritische Wert Z ermittelt werden. Dieser wird aus der Tabelle der kritischen Werte für die t-Verteilung (Anhang 8.1, Tabelle 2) für 1-α=95% und dem Freiheitsgrad FG = (15-1) + (17-1) = 30 mit Z=1,697 abgelesen. Da gilt $|z| \leq Z$, wird die Nullhypothese bestätigt. Beide Anlagen arbeiten also mit einer Wahrscheinlichkeit von 95% mit derselben Füllmenge.

6.3.7 Test für die Differenz zweier Varianzen (F-Test)

Will man feststellen, ob die Varianzen zweier Stichproben übereinstimmen, so ist dieser Test durchzuführen. Wir wollen dies wieder anhand des Konservendosen-Beispiels erläutern:

Beispiel 30: Differenz zweier Varianzen	Datei: Stqm0070 Konservendosen

Die Varianzen der beiden Stichproben betragen:

$$s_1^2 = 94,981 \qquad s_2^2 = 94,265$$

Hier stellt sich die Frage, ob die Varianzen und damit die Standardabweichungen signifikant voneinander abweichen. Es ergeben sich folgende Hypothesen:

Nullhypothese H_0 : $\sigma_1^2 \leq \sigma_2^2$ $\qquad$ Alternativhypothese H1 : $\sigma_1^2 > \sigma_2^2$

Wir berechnen nun die Prüfgröße z:

$$z = \frac{\sigma_1^2}{\sigma_2^2} = \frac{94,981}{94,265} = 1,008$$

Als Nächstes wird der kritische Wert Z ermittelt. Wir entnehmen diesen aus der Tabelle der kritischen Werte für die F-Verteilung (Anhang 8.1, Tabelle 4) für $1-\alpha$=95% und den Freiheitsgraden FG_1 = 15-1 =14 und FG_2 = 17-1 = 16. Er beträgt Z=2,373. Da gilt $|z| \leq Z$ wird die Nullhypothese bestätigt. Beide Anlage arbeiten also mit einer Wahrscheinlichkeit von 95% mit derselben Streuung.

6.3.8 Test auf Zufälligkeit (nach Swed und Eisenhart)

Bei der Zusammenstellung der Stichproben wird gefordert, dass das Zufallsprinzip eingehalten wird. Hier stellt sich die Frage, ob es möglich ist, nachträglich festzustellen, ob bei der Auswahl der Stichprobenwerte das Zufallsprinzip gewahrt wurde.

Bei dem Test auf Zufälligkeit wird überprüft, ob die Anordnung der Messwerte zufällig ist oder ob ein Trend zu erkennen ist. Beim eindimensionalen Problem der Messreihe kann dabei lediglich festgestellt werden, ob die Reihenfolge der Messwerte dem Zufallsprinzip entspricht.

Betrachten wir zur Verdeutlichung die Messreihe mit den größten Werten unserer fiktiven Grundgesamtheit aus dem Beispiel mit den 200 Zufallszahlen.

Beispiel 31: Test auf Zufälligkeit 1	Datei: Stqm-0080 Test-Zufall-1.mdd

134	134	134	135	135	135	136	136	137	137

Sie sehen, dass die Werte von links nach rechts, also in der Reihenfolge in der sie ermittelt wurden, ansteigen. Führen wir mit dieser Messreihe den Test auf Zufälligkeit durch, erhalten wir folgendes Ergebnis:

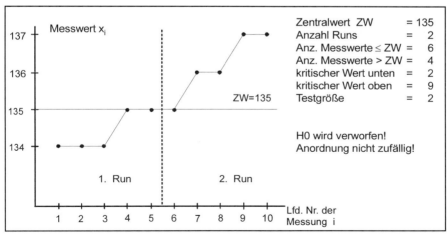

Bild 80: Test auf Zufälligkeit (Anordnung aufsteigend, also nicht zufällig)

111

Bei diesem Test nach Swed und Eisenhart wird also untersucht, wie viele abwechselnde Bereiche es gibt, in denen die Messwerte unterhalb oder oberhalb des Zentralwertes liegen. Der Zentralwert (Median) ist hier als Grenzwert besonders gut geeignet, da unabhängig von der Verteilungsform 50% der Werte über bzw. unter diesem Wert liegen. In unserem Beispiel gibt es offenbar nur zwei dieser Bereiche, die man als **RUN** bezeichnet.

Ändern wir nun die Reihenfolge der Messwerte, dann ergibt sich ein völlig anderes Bild.

Beispiel 32: Test auf Zufälligkeit 2 (n1<20, n2 <20)   Datei: Stqm-0080 Test-Zufall-1.mdd

| 134 | 137 | 134 | 137 | 136 | 135 | 136 | 134 | 135 | 135 |

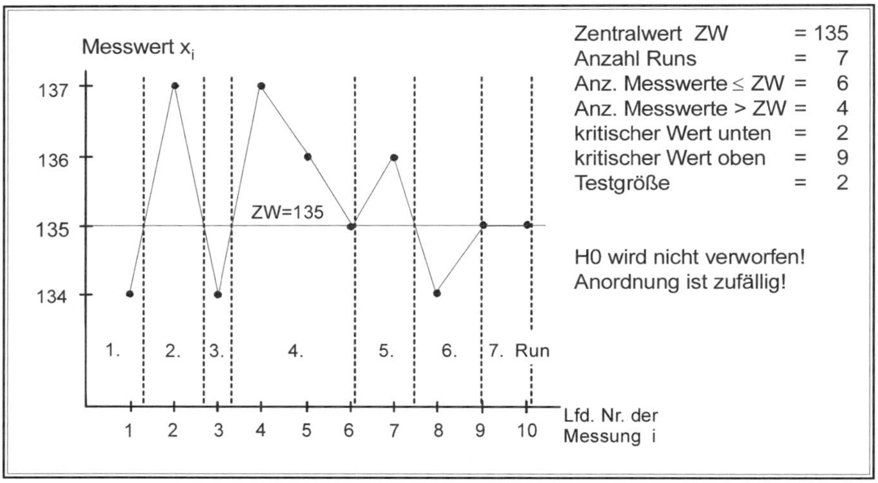

Bild 81: Test auf Zufälligkeit (Anordnung zufällig)

Wie Sie sehen, lässt sich die Anzahl der Bereiche (RUNs) durch eine andere Anordnung der Messwerte leicht erhöhen. Der Test auf Zufälligkeit besagt nun, dass die Anzahl der Runs nicht kleiner oder gleich einer kritischen Untergrenze und nicht größer oder gleich einer kritischen Obergrenze sein darf, damit die Anordnung noch als zufällig gelten soll.

Im Folgenden wollen wir die Vorgehensweise bei der Durchführung des Tests näher beschreiben. Es liegen folgende Eckdaten für diesen Test vor:

$\tilde{x}$ =	135	Zentralwert
r =	7	Anzahl Runs
n_1 =	4	Anzahl Messwerte größer $\tilde{x}$
n_2 =	6	Anzahl Messwerte kleiner oder gleich $\tilde{x}$

Wir formulieren nun folgende Hypothesen:

Nullhypothese H_0 : Die Anordnung der Messwerte ist zufällig
Alternativhypothese H_1 : Die Anordnung der Messwerte ist nicht zufällig

Bei diesem Test werden zwei Fälle unterschieden:
1. Fall $\quad n_1 \leq 20$ und $n_2 \leq 20$
2. Fall $\quad n_1 > 20$ oder $n_2 > 20$

Da hier der 1. Fall vorliegt, wird die Prüfgröße wie folgt berechnet:

$$z = r = 7$$

Als Nächstes ermitteln wir die kritischen Werte Z_1 und Z_2. Diese werden für Fall 1 aus der Tabelle der kritischen Werte für den Test auf Zufälligkeit (Anhang 8.1, Tabelle 5) für $1-\alpha = 95\%$ und $n_1 = 4$ und $n_2 = 6$ mit $Z_1 = 2$ und $Z_2 = 9$ abgelesen. Da gilt

$$Z_1 < z < Z_2$$

wird die Nullhypothese bestätigt. Die Anordnung der Messwerte ist zufällig.

Beispiel 33: Test auf Zufälligkeit 2 ($n_1 > 20$ oder $n_2 > 20$)   Datei: Stqm0090 Test-Zufall-2.mdd

Auch den zweiten Fall wollen wir anhand eines Beispiels verdeutlichen. Hierzu sollen folgende Eckdaten einer Messstichprobe vorliegen:

$\tilde{x}$ =	49,5	Zentralwert
r =	31	Anzahl Runs
n_1 =	25	Anzahl Messwerte größer $\tilde{x}$
n_2 =	25	Anzahl Messwerte kleiner oder gleich $\tilde{x}$

Wir formulieren wieder die Hypothesen:

Nullhypothese H_0 : Die Anordnung der Messwerte ist zufällig
Alternativhypothese H_1 : Die Anordnung der Messwerte ist nicht zufällig

Da hier der 2. Fall vorliegt (n_1>20 oder n_2>20), wird die Prüfgröße wie folgt berechnet:

$$z = \frac{|r - \mu_r|}{\sigma_r}$$

mit

$$\mu_r = \frac{2 \cdot n_1 \cdot n_2}{n_1 + n_2} + 1 = \frac{2 \cdot 25 \cdot 25}{25 + 25} + 1 = \frac{1250}{50} + 1 = 26$$

und

$$\sigma_r = \sqrt{\frac{2 \cdot n_1 \cdot n_2 \cdot (2 \cdot n_1 \cdot n_2 - n_1 - n_2)}{(n_1 + n_2)^2 \cdot (n_1 + n_2 - 1)}} = \sqrt{\frac{1250 \cdot (1250 - 25 - 25)}{2500 \cdot 49}} = \sqrt{\frac{1500000}{122500}} = 3{,}499$$

Also folgt für die Prüfgröße:

$$z = \frac{|31 - 26|}{3{,}499} = 1{,}429$$

Als Nächstes wird der zweiseitige kritische Wert Z ermittelt. Dieser wird für den 2. Fall aus der Tabelle der kritischen Werte für die Normalverteilung (Anhang 8.1, Tabelle 1) für 1-α = 95% mit Z = 1,96 abgelesen.

ACHTUNG: In diesem Fall wird bei p = 0,975 abgelesen, weil es sich um den zweiseitigen kritischen Wert handelt.

Da gilt   z < Z
wird die Nullhypothese bestätigt.

Liegt eine Messreihe in alternierender Reihenfolge vor, so wird der Test auf Zufälligkeit nicht bestanden. Folgende Anordnung der Messwerte ist also nicht zufällig:

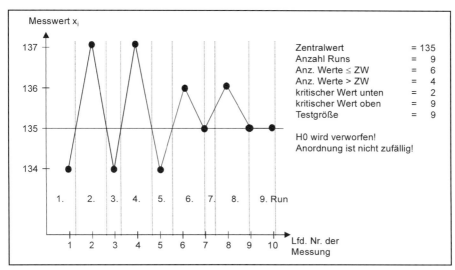

Bild 82: Test auf Zufälligkeit (Anordnung alternierend, also nicht zufällig)

Der Test auf Zufälligkeit wird also immer dann nicht bestanden, wenn ein gewisser Trend erkennbar ist, sei es nun eine fallende, eine steigende oder eine alternierende Reihenfolge innerhalb der Messwerte.

Unser Beispiel zeigt allerdings auch, dass der Test auf Zufälligkeit nicht wirklich erkennen lässt, ob eine Messreihe zufällig gewählt ist, denn wir haben ja in Beispiel 23 für diesen Test nur die größten Werte der Grundgesamtheit aus Beispiel 17 gewählt, also keineswegs eine Zufallsauswahl getroffen. Es ist also immer möglich, die Reihenfolge der Messwerte so zu wählen, dass der Test auf Zufälligkeit bestanden wird, ohne dass der Test eine wirkliche Aussage über die Zufälligkeit der Daten machen kann.

Da der Test auf Zufälligkeit nach Swed und Eisenhard keine Aussage über die wirkliche Zufälligkeit der Stichprobe erlaubt, sondern lediglich die Anordnung der Messwerte als zufällig bewertet, können wir diesen Test für die Bewertung der Gültigkeit eines arithmetischen Mittelwertes nur mit Vorsicht verwenden.

Allerdings hat dieser Test immer dann eine Berechtigung, wenn z.B. ein zeitlicher Trend auszuschließen ist.

6.3.9 Test auf Normalverteilung

Manche statistischen Verfahren, so auch der Test auf Ausreißer, setzen eine Stichprobe mit normalverteilter Grundgesamtheit voraus. Die Eigenschaften einer Normalverteilung wurden in Abschnitt 5.1 beschrieben. Beim Test auf Normalverteilung besteht die Aufgabe darin, zu überprüfen, ob die Grundgesamtheit der Messwerte einer Normalverteilung entsprechen oder nicht. In Abhängigkeit vom Stichprobenumfang kommen zwei Testverfahren zum Einsatz.

6.3.9.1 Anpassungstest nach Kolmogoroff und Smirnov (n ≤50)

Dieser Test soll anhand eines einfachen Beispiels näher erläutert werden.

Beispiel 34: Test auf Normalverteilung (Kolmogoroff/Smirnov)	Datei: Stqm0100 Test-Normal-1.mdd

Gegeben sei folgende Messstichprobe in sortierter Reihenfolge:

i	1	2	3	4	5	6	7	8	9	10
x_i	90	95	97	99	100	101	102	105	105	110

Beim Anpassungstest nach Kolmogoroff und Smirnov wird jeder Messwert der *geordneten* Messreihe über der laufenden Nummer i aufgetragen. Es entsteht eine Treppenfunktion.

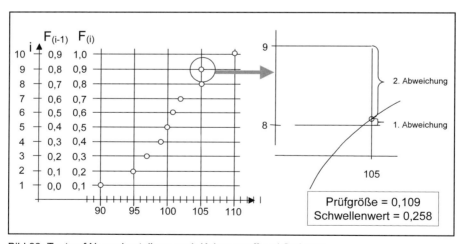

Bild 83: Test auf Normalverteilung nach Kolmogoroff und Smirnow

Für unser Beispiel läuft der Test wie folgt ab:

Nullhypothese H_0: Es liegt eine normalverteilte Grundgesamtheit vor.

Gegenhypothese H_1: Es liegt keine normalverteilte Grundgesamtheit vor.

Die Prüfgröße z wird nun mit folgender Tabelle ermittelt:

i	$x_{(i)}$	Häufigkeits-summe $F_{(i-1)}$	Häufigkeits-summe $F_{(i)}$	Standar-disierte Messwerte $u_{(i)}$	Wahrschein-lichkeits-summe $\Phi_{[u_{(i)}]}$	Absolute Abweichungen $\left| F_{(i-1)} - \Phi_{[u_{(i)}]} \right|$	Absolute Abweichungen $\left| F_{(i)} - \Phi_{[u_{(i)}]} \right|$
1	90	0,0	0,1	-1,84	0,033	0,033	0,067
2	95	0,1	0,2	-0,95	0,171	0,071	0,029
3	97	0,2	0,3	-0,60	0,274	0,074	0,026
4	99	0,3	0,4	-0,25	0,401	0,101	0,001
5	100	0,4	0,5	-0,07	0,472	0,072	0,028
6	101	0,5	0,6	0,11	0,544	0,044	0,056
7	102	0,6	0,7	0,28	0,610	0,010	0,090
8	105	0,7	0,8	0,81	0,791	0,091	0,009
9	105	0,8	0,9	0,81	0,791	0,009	0,109
10	110	0,9	1,0	1,70	0,955	0,055	0,045

$\overline{x} = 100,4$ s = 5,661

Die Tabelle wird wie folgt aufgebaut:

1. Die sortierten Messwerte $x_{(i)}$ in die entsprechende Spalte eintragen.

2. Häufigkeitssummen wie folgt berechnen

$$F_{(i-1)} = \frac{i-1}{n} \quad \text{und} \quad F_{(i)} = \frac{i}{n}$$

und die berechneten Werte in die entsprechenden Spalten eintragen.

3. Anschließend die standardisierten Messwerte wie folgt berechnen:

$$u_{(i)} = \frac{x_{(i)} - \overline{x}}{s}$$

Es werden also die Differenzen zum Mittelwert auf die Standardabweichung bezogen.

4. Aus der Tabelle der Summenfunktion für die Normalverteilung (Anhang 8.1, Tabelle 1) werden für die standardisierten Messwerte die Wahrscheinlichkeitssummen abgelesen. Wegen der Symmetrie der Normalverteilung gilt hier für die negativen Werte folgender Zusammenhang:

$$\Phi_{[u<0]} = 1 - \Phi_{[u>0]}$$

Wir lesen z.B. für $u_{(3)}$= -0,6 den Wert für 0,6 aus der Tabelle ab (0,7257) und berechnen daraus die Wahrscheinlichkeitssumme 1-0,7257 = 0,274.

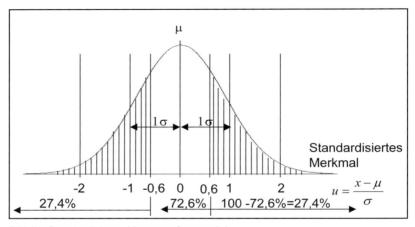

Bild 84: Standardisierter Messwert für u = -0,6

5. Zuletzt werden die absoluten Abweichungen zwischen $F_{(i-1)}$ bzw. $F_{(i)}$ und den Φ -Werten berechnet und in die letzten beiden Spalten eingetragen.

Die größte dieser Abweichungen – hier 0,109 – ist die Prüfgröße z.

Als Nächstes wird der zweiseitige kritische Wert Z ermittelt. Dieser wird aus der Tabelle der kritischen Werte für den Kolmogoroff-Smirnov-Test (Anhang 8.1, Tabelle 6) für 1-α/2 = 97,5% mit Z = 0,258 abgelesen. Da gilt z < Z wird die Nullhypothese bestätigt. Die Messreihe stammt also mit einer Wahrscheinlichkeit von 95% aus einer normalverteilten Grundgesamtheit.

6.3.9.2 Chi-Quadrat-Anpassungstest (n > 50)

Bei diesem Test wird die Häufigkeitsverteilung der Messstichprobe oder der Abweichungen mit der Normalverteilung verglichen. Für jede Klasse der Häufigkeitsverteilung wird nun ermittelt, wie groß sie sein würde, wenn sie normalverteilt wäre. In Bild 85 ist dieser Zusammenhang dargestellt.

Beispiel 35: Chi-Quadrat Test auf Normalverteilung

Nullhypothese H_0: Es liegt eine normalverteilte Grundgesamtheit vor.
Gegenhypothese H_1: Es liegt keine normalverteilte Grundgesamtheit vor.

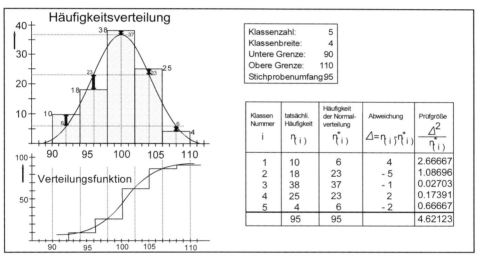

Bild 85: Test auf Normalverteilung nach Kolmogoroff und Smirnow

Ermittlung der Prüfgröße z

Sie sehen, dass in der ersten Klasse die Häufigkeit 10 vorliegt. Bei einer normalverteilten Stichprobe hätte die Häufigkeit jedoch 6 betragen müssen. In der Tabelle sind für dieses Beispiel die tatsächlichen Häufigkeiten, die Häufigkeiten bei Normalverteilung und die Abweichungen zwischen diesen beiden Werten dargestellt. Zur Bestimmung der relativen Abweichungen wird jede Abweichung quadriert und auf den Häufigkeitswert der Normalverteilung bezogen. Die Summe dieser so berechneten Werte ist ein Maß für die relative Gesamtabweichung und wird als Prüfgröße (z=4,621) verwendet.

Der kritische Wert Z wird aus der Tabelle der Chi-Quadrat-Verteilung (Anhang 8.1, Tabelle 3) für $1-\alpha=95\%$ und einem Freiheitsgrad abgelesen. Der Freiheitsgrad ergibt sich hier aus der Anzahl der Klassen k=5 abzüglich 1 und abzüglich der Anzahl der geschätzten Parameter (hier μ und σ) zu FG=5-1-2=2. Daraus folgt Z=5,991.

Da z < Z gilt wird H_0 mit einer Wahrscheinlichkeit von 95% bestätigt. Sie können von einer normalverteilten Grundgesamtheit ausgehen.

Die Qualität von Messstichproben
Nun wollen wir zeigen, dass die Qualität einer Messstichprobe nicht unbedingt von der Verteilung abhängt.

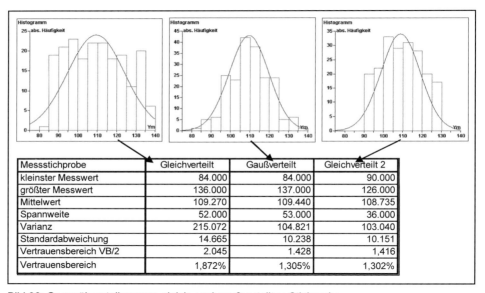

Messstichprobe	Gleichverteilt	Gaußverteilt	Gleichverteilt 2
kleinster Messwert	84.000	84.000	90.000
größter Messwert	136.000	137.000	126.000
Mittelwert	109.270	109.440	108.735
Spannweite	52.000	53.000	36.000
Varianz	215.072	104.821	103.040
Standardabweichung	14.665	10.238	10.151
Vertrauensbereich VB/2	2.045	1.428	1,416
Vertrauensbereich	1,872%	1,305%	1,302%

Bild 86: Gegenüberstellung von gleich- und gaußverteilten Stichproben

Betrachten wir die beiden Verteilungen links, so sehen wir, dass die Normalverteilung in der Mitte bei gleicher Spannweite eine geringere Streuung aufweist. Man kann nun eine Gleichverteilung finden, die bei einer geringeren Spannweite die gleichen Streuwerte wie die Normalverteilung aufweist. Man kann feststellen, dass eine normalverteilte Messstichprobe offensichtlich genauer ist als eine vergleichbare gleichverteilte Stichprobe. Man kann auch sagen, dass eine gleichverteilte Stichprobe eine kleinere Spannweite haben muss, um die Genauigkeitswerte der gaußverteilten Stichprobe zu erreichen.

Wir sehen also, dass das Kriterium Normalverteilung keine Aussage über die Qualität der Daten zulässt. Auch mit anderen Verteilungen, wie hier mit einer gleichverteilten Stichprobe, lassen sich ggf. gute Ergebnisse erzielen. Anderseits gilt natürlich auch: eine normalverteilte Stichprobe genügt dann den vorgegebenen Qualitätsansprüchen nicht, wenn nur die Spannweite entsprechend vergrößert wird.

Insbesondere bei Vorgabezeiten aus REFA-Zeitaufnahmen, die als Mittelwerte gemessener Einzelzeiten berechnet werden, entspricht die Verteilung der Messwerte häufig nicht einer Normalverteilung. Dies liegt meist daran, dass ein bestimmter Wert selbst bei höchstem Übungsgrad und bester Leistung nicht unterschritten werden kann. Geringfügig darüber liegende Zeitwerte können jedoch schon von einer erheblichen Personenzahl gemeistert werden. Man erhält also eine linkssteile Verteilung (vgl. Abschnitt 4.3.6).

Wir wollen diesen Zusammenhang einmal anhand eines Beispiels aus dem Sport verdeutlichen.

Beispiel 36: 100 m-Lauf der Herren

Beim 100m Lauf der Herren liegt der aktuelle Weltrekord bei 9,78s, aufgestellt von Tim Montgomery (USA). Den Verlauf der Weltrekorde seit 1912 zeigt folgendes Diagramm:

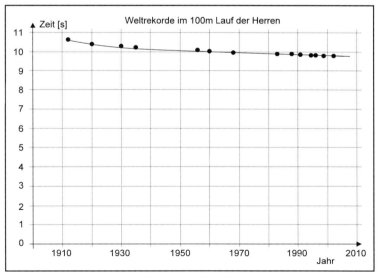

Bild 87: Verlauf der Weltrekorde im 100m Lauf der Herren

Wie man sieht, wurde der Rekord von 1912 bis 1960 von 10,6s auf 10,0s reduziert, dies entspricht 5,6%. Von 1960 bis heute wurde lediglich eine Reduktion von 0,22s oder 2,2% erreicht. Würde man diese Entwicklung fortschreiben (vgl. Abschnitt 7.7.2 Trendextrapolation), so würde die 9s-Grenze ca. im Jahr 2350 fallen.

Man kann prinzipiell davon ausgehen, dass zwischen 0s und der aktuellen Weltrekordzeit eine Grenze existiert, die nicht unterschritten werden kann. Nehmen wir einmal an, diese Grenze läge bei 8s. Wenn wir nun beginnen, von dieser Grenze angefangen Klassen zu bilden und tragen nun diejenige Anzahl von Personen ein, die als Höchstleistung eine Zeit dieser Klasse erreicht haben, so könnte sich folgendes Bild ergeben:

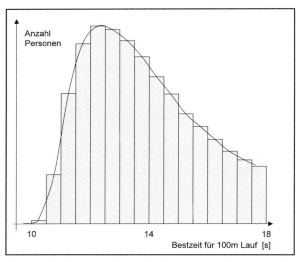

Bild 88: Mögliche Verteilung der Personen mit Bestzeiten für den 100m Lauf

Dieser Effekt tritt immer dann deutlich zutage, wenn eine Tätigkeit mit mehr oder weniger kleinen Störungen einhergeht, die nicht vermieden werden können und in unregelmäßigen Abständen zufällig auftreten. Da die Tätigkeit meist störungsfrei abläuft, werden die meisten Zeitwerte in der Nähe der Bestzeit liegen. Kleinere Störungen führen regelmäßig zu etwas längeren Zeiten und größere Störungen, die relativ selten auftreten, zu noch längeren Zeiten.

6.3.10 Test auf Ausreißer

Weichen bei Messreihen einzelne Werte stärker vom Mittelwert ab als die übrigen Werte und lassen sich diese Abweichungen nicht durch Mess-, Rechen- oder Eingabefehler erklären, so ist zu überprüfen, ob diese Werte überhaupt zur Stichprobe gehören oder ob sie Ausreißer sind. Im Fall von Ausreißern wird man in der Regel diese Werte bei der Datenauswertung unberücksichtigt lassen, um die Ergebnisse nicht zu verfälschen (vgl. Hartung / 1 / Seite 343).

Ausreißer in einer Stichprobe führen dazu, dass der Mittelwert zum Ausreißer hin verschoben wird, da alle Werte der Stichprobe mit gleicher Gewichtung in die Rechnung eingehen.

6.3.10.1 Test auf Ausreißer nach David, Hartley und Pearson

Dieser Test soll anhand eines einfachen Beispiels näher erläutert werden.

Beispiel 37: Ausreißertest (David, Hartley, Pearson)   Datei: Stqm0110 Test-Ausreißer-DHP.mdd

Gegeben sei folgende Messstichprobe:

i	1	2	3	4	5	6	7	7	9	10
x_i	90	95	97	99	100	100	101	102	105	112

Nullhypothese H_0: Es liegt kein Ausreißer vor
Gegenhypothese H_1: Größter oder kleinster Wert ist ein Ausreißer

Zur Ermittlung der Prüfgröße wird zunächst die Spannweite wie folgt berechnet:

$R = x_{max} - x_{min} = 112 - 90 = 22$

Danach wird die Standardabweichung der Stichprobe berechnet, hier:

Varianz:
$$s^2 = \frac{1}{n-1} \cdot \sum_{i=1}^{n}\left(x_i - \bar{x}\right)^2 = 34{,}322$$

Standardabweichung:
$$s = \sqrt{\frac{1}{n-1} \cdot \sum_{i=1}^{n}\left(x_i - \bar{x}\right)^2} = 5{,}859$$

Die Prüfgröße z errechnet sich aus $z = \dfrac{R}{s} = \dfrac{22}{5{,}859} = 3{,}755$

Diese Prüfgröße ist ein Maß für die Existenz von Ausreißern, denn je größer dieser Wert ist, desto weiter liegen die Extremwerte von der durchschnittlichen Abweichung s und vom Mittelwert entfernt.

Als Nächstes wird der einseitige obere kritische Wert Z ermittelt. Dieser wird der Tabelle der kritischen Werte für den Test nach David-Hartley-Pearson (Anhang 8.1, Tabelle 7) für 1-α = 95% mit Z = 3,685 entnommen.

n	$A_{(n,1-\alpha=0,95)}$	n	$A_{(n,1-\alpha=0,95)}$	n	$A_{(n,1-\alpha=0,95)}$	n	$A_{(n,1-\alpha=0,95)}$
1		11	3,80	25	4,71	75	5,68
2		12	3,91	30	4,89	80	5,73
3	1,999	13	4,00	35	5,04	85	5,78
4	2,429	14	4,09	40	5,16	90	5,82
5	2,753	15	4,17	45	5,26	95	5,86
6	3,012	16	4,24	50	5,35	100	5,90
7	3,222	17	4,31	55	5,43	150	6,18
8	3,399	18	4,37	60	5,51	200	6,39
9	3,552	19	4,43	65	5,57	500	6,94
10	3,685	20	4,49	70	5,63	1000	7,33

Bild 89: Schwellenwerte für den Test auf Ausreißer nach David-Hartley-Pearson

In unserem Fall ist die Prüfgröße z größer als der Schwellenwert Z, es liegt also möglicherweise ein Ausreißer vor. Es bleibt nun zu prüfen, welcher der beiden Extremwerte als Ausreißer in Frage kommt, es gilt folgende Regel:

Der Wert mit dem größten absoluten Abstand vom Mittelwert wird als Ausreißer gewertet.

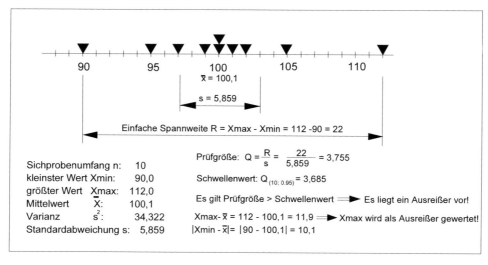

Bild 90: Test auf Ausreißer nach David, Hartley und Pearson

Sollten beide Werte die gleiche Entfernung vom Mittelwert aufweisen, werden beide als Ausreißer gewertet. Da es sehr unwahrscheinlich ist, dass beide Messwerte den gleichen Abstand vom Mittelwert haben, liefert der Ausreißertest nach David, Hartley und Pearson in der Regel nur einen Ausreißer. Dies ist zumindest immer dann fragwürdig, wenn beide Werte ungefähr die gleiche Entfernung vom Mittelwert aufweisen. Im Zweifelsfall ist immer zu überprüfen, ob nicht beide Werte zu eliminieren sind.

Vorschlag für die Behandlung mehrerer Ausreißer
Liegen die vermeintlichen Ausreißer auf einer Seite, z.B. rechts von den übrigen Werten, so wird zunächst der Test auf Ausreißer durchgeführt. Wird der entfernteste Wert als Ausreißer erkannt, so kann nach dem Entfernen ein erneuter Test durchgeführt werden.

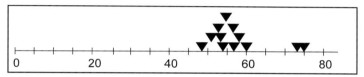

Bild 91: Zwei Messwerte rechts von den übrigen Werten

ACHTUNG: Bei einer geringen Messpunktzahl ($n \leq 20$) und mindestens zwei Extremwerten auf einer Seite wird in der Regel kein Ausreißer erkannt. Dabei kann einer der Extremwerte einen beliebigen Abstand von den Restwerten haben.

Liegt je ein vermeintlicher Ausreißer rechts und links vom den übrigen Werten, so wird zunächst der Wert als Ausreißer erkannt, der am weitesten vom Mittelwert entfernt liegt. Im folgenden Bild wird z.B. der kleinste Messwert als Ausreißer erkannt, sein Abstand vom Mittelwert beträgt 12,583. Der Wert auf der rechten Seite hat mit 12,417 aber lediglich einen um 1,3% kleineren Abstand vom Mittelwert. Wird nun der kleinere Wert entfernt und der Test wiederholt, so wird kein weiterer Ausreißer festgestellt. Dies liegt daran, dass durch die Elimination die Spannweite verhältnismäßig stärker reduziert wird als die Standardabweichung, was zu einer Verkleinerung der Prüfgröße von 4,02 auf 3,78 führt. Durch die Reduktion um einen Messwert wird der Schwellenwert lediglich von 3,91 auf 3,80 verkleinert. In diesen Fällen ist folgende Vorgehensweise sinnvoll:

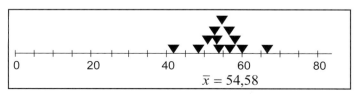

$$\bar{x} = 54,58$$

Bild 92: Je ein Ausreißer rechts und links von den übrigen Werten

Liegen die beiden Extremwerte x_{min} und x_{max} relativ gleich weit vom Mittelwert entfernt und wird der Test auf Ausreißer nicht bestanden, so sind beide Werte zu eliminieren, wenn der prozentuale Abstand zwischen den Werten einen vorgegebenen Grenzwert unterschreitet. Als Grenzwert wird hier 3% vorgeschlagen.

Ausreißertest nach David, Hartley und Pearson bei kleinen Stichproben
Liegt der Stichprobenumfang im Bereich $n \leq 20$, so ist Folgendes gegeben:
- liegen zwei Extremwerte auf einer Seite von den übrigen Werten, so wird in keinem Fall auf Ausreißer erkannt.
- Liegt nur ein Extremwert vor, so wird nur in einem bestimmten Bereich um den Mittelwert herum auf Ausreißer erkannt. Liegt der Extremwert weiter vom Mittelwert entfernt, so wird dieser nicht als Ausreißer identifiziert.

In den genannten Fällen müssen die Ausreißer nach der Methode des „scharfen Hinsehens" eliminiert werden.

6.3.10.2 Test auf Ausreißer (nach Grubbs)

Auch dieser Test überprüft, ob der größte oder kleinste Wert der Stichprobe möglicherweise ($1-\alpha = 95\%$) ein Ausreißer ist. Wieder gelten die Hypothesen:
Nullhypothese H_0: Es liegt kein Ausreißer vor
Gegenhypothese H_1: Größter oder kleinster Wert ist ein Ausreißer

Bei diesem Test werden zwei Prüfgrößen, z_1 und z_2, berechnet; jeweils eine für den größten und den kleinsten Wert der Stichprobe.

$$z_1 = \frac{x_{max} - \overline{x}}{s} \qquad \text{und} \qquad z_2 = \frac{\overline{x} - x_{min}}{s}$$

Für Beispiel 37 ergeben sich die Werte $z_1 = 2{,}031$ und $z_2 = 1{,}726$.

Als Nächstes wird der einseitige obere kritische Wert Z ermittelt. Dieser wird aus der Tabelle der kritischen Werte für den Ausreißertest nach Grupps (Anhang 8.1, Tabelle 8) für $1-\alpha = 95\%$ für $n=10$ mit $Z = 2{,}18$ abgelesen.

Da sowohl $z_1 < Z$ als auch $z_2 < Z$ gilt, wird die Nullhypothese bestätigt.

n	$T_{(n, 95\%)}$	n	$T_{(n, 95\%)}$	n	$T_{(n, 95\%)}$	n	$T_{(n, 95\%)}$
		11	2,235	25	2,664	75	3,107
		12	2,287	30	2,745	80	3,130
3	1,153	13	2,333	35	2,811	85	3,151
4	1,436	14	2,372	40	2,866	90	3,172
5	1,671	15	2,412	45	2,913	95	3,190
6	1,822	16	2,442	50	2,954	100	3,208
7	1,938	17	2,477	55	2,991	150	3,337
8	2,031	18	2,505	60	3,024	200	3,388
9	2,109	19	2,534	65	3,054	500	3,577
10	2,177	20	2,557	70	3,082	1000	3,686

Bild 93: Schwellenwerte für den Test auf Ausreißer nach Grupps

6.3.10.3 Kritische Diskussion des Ausreißerproblems

Treten bei der Durchführung von REFA-Zeitaufnahmen einzelne Messwerte auf, die stark von den übrigen Zeiten mit gleichem Tätigkeitsinhalt abweichen, so stellt sich die Frage ob diese Werte aus dem Datenbestand zu eliminieren sind oder nicht. Hier kann natürlich die Frage, ob der Test auf Ausreißer bestanden wurde oder nicht, ein wichtiger Anhaltspunkt für die begründete Existenz eines Ausreißers sein. Im Einzelfall ist jedoch immer zu überprüfen, ob der Extremwert tatsächlich eliminiert werden darf, oder ob eine begründete Notwendigkeit besteht, den Wert trotzdem beizubehalten.

Treten z.B. aufgrund der Eigenarten einer bestimmten Tätigkeit von Zeit zu Zeit vereinzelt Störungen auf, die durch konstruktive Maßnahmen nicht vermieden werden können, so sind die zugehörigen Zeiten auf jeden Fall beizubehalten.

In ein elektronisches Bauteil sind Drahtbrücken einzubauen. Beim Greifen der Teile kommt es gelegentlich vor, dass sich die Teile verhaken, so dass vor dem eigentlichen Einbau ein Entwirren der Teile erforderlich wird. Folgende Zeiten wurden gemessen:

i	x_i	i	x_i	i	x_i	i	x_i
1	36	11	30	21	36	31	58
2	35	12	39	22	35	32	35
3	32	13	35	23	33	33	36
4	33	14	36	24	32	34	38
5	33	15	35	25	67	35	38
6	34	16	34	26	33	36	33
7	36	17	34	27	31	37	37
8	55	18	33	28	34	38	33
9	35	19	35	29	36	39	37
10	37	20	38	30	34	40	36

Die Messpunkte i=8, 25 und 31 weichen stark von den übrigen Werten ab. Durch den Test auf Ausreißer nach David, Hartley und Pearson, werden sie nacheinander als Ausreißer ausgewiesen. Da sich in diesem Fall jedoch das Verhaken der Teile nicht vermeiden lässt, dürfen die Messpunkte nicht eliminiert werden.

Der erreichte ε-Wert ist aufgrund der Abweichungen relativ groß. Man kann probehalber ε ohne die drei Werte berechnen und erhält mit $\varepsilon = 1,972\%$ einen kleineren Wert.

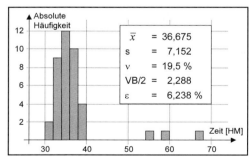

Bild 94: Abweichende Messwerte

7 Regressionsanalyse

Mit Hilfe der Regressionsanalyse wird der funktionale Zusammenhang zwischen einer quantitativen Zielgröße y und einer oder mehrerer quantitativer Einflussgrößen formelmäßig beschrieben. Die Qualität der Anpassung der Funktion an die Messwerte wird durch Kennzahlen, Grafiken und Gegenüberstellungen bewertet.

Im Rahmen der bisherigen statistischen Untersuchungen haben wir lediglich eindimensionale Häufigkeitsverteilungen betrachtet. Die Beschreibung eines Merkmals reicht jedoch bei der Untersuchung von Ursache-Wirkungs-Zusammenhängen nicht aus. Sollen z.B. Abhängigkeiten zwischen mehreren Merkmalsausprägungen ermittelt werden, so bedient man sich der Regressionsrechnung. Je nach Anzahl der Einflussgrößen und der Art der funktionalen Beziehung lassen sich die in Bild 95 dargestellten Fälle unterscheiden:

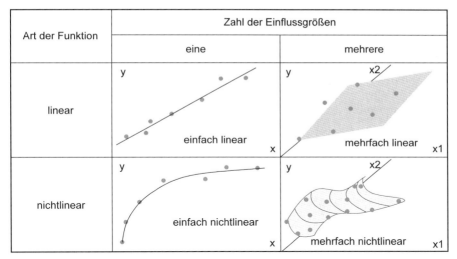

Bild 95: Teilgebiete der Regressionsrechnung

Dabei sind einfache und mehrfache lineare und einfache nichtlineare Regression lediglich Unterfälle der mehrfachen nichtlinearen Regression.

Die nichtlineare Regression unterscheidet sich von der linearen Regression dadurch, dass die Messwerte der Einflussgrößen mittels mathematischer Funktionen transformiert und damit linearisiert werden. Nach der Transformation der Messwerte wird die lineare Regression durchgeführt.

Nach REFA / 6 / wird die Regressionsanalyse im Rahmen der Datenverwendung zur Bildung von Planzeiten verwendet. Durch die Entwicklung und Verwendung von Zeitberechnungsformeln auf der Basis von Zeitaufnahmen ergeben sich folgende Vorteile:

- Reduzierung des Aufwands für Zeitstudien
- Vorausbestimmung von Vorgabezeiten für Tätigkeiten
- Lieferung verlässlicher Planungsdaten für Produktionsplanung und -steuerung
- frühzeitige Ermittlung der Produktions- und Herstellungskosten.

7.1 Einflussgrößen

Einflussgrößen sind Werte, die bei ihrer Veränderung eine Größenänderung einer Messgröße hervorrufen. Somit sind Einflussgrößen die *Verursacher* der Streuung einer Messgröße, auch Zielgröße genannt. Man kann auch sagen, dass jede Streuung einer Mess- oder Zielgröße durch eine oder mehrere Einflussgrößen hervorgerufen wird. Einflussgrößen lassen sich nach folgenden verschiedenen Kriterien unterteilen: Art, Zufälligkeit, Bekanntheit, Änderbarkeit.

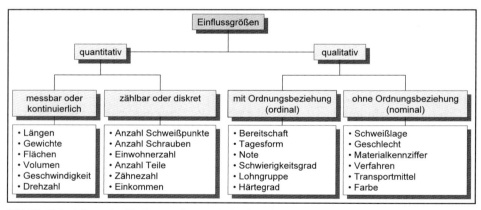

Bild 96: Unterteilung der Einflussgrößen nach der Art

Wie man sieht, handelt es sich um dieselbe Einteilung wie bei den Merkmalsausprägungen.

Bild 97: Unterteilung der Einflussgrößen nach der Zufälligkeit

Die von zufällig auftretenden, nicht planbaren Einflussgrößen verursachten Streuungen müssen hingenommen werden.

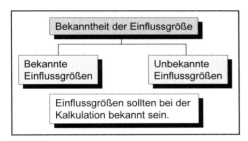

Bild 98: Unterteilung der Einflussgrößen nach der Bekanntheit

Es ist nutzlos, Einflussgrößen zu erfassen, die zum Zeitpunkt der Verwendung der Regressionsformel nicht bekannt sind. Deshalb muss immer der Kenntnisstand des Planers, der die Formel verwenden will, berücksichtigt werden.

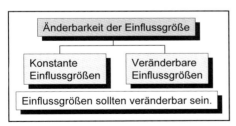

Bild 99: Unterteilung der Einflussgrößen nach der Änderbarkeit

Es ist natürlich ebenfalls sinnlos, Einflussgrößen zu erfassen, die sich nie ändern.

7.2 Lineare Regression mit einer Einflussgröße

Das Verfahren der Regressionsrechnung soll hier anhand eines einfachen Beispiels näher erläutert werden.

Folgende 5 Werte wurden gemessen:

i	1	2	3	4	5
x_i	0	1	2	3	4
y_i	3	2	1	1	2

Mit Hilfe eines Lineals legen wir eine Gerade durch diese Messpunkte und ziehen von jedem Messpunkt aus eine senkrechte Linie, die die Gerade schneidet. Die Längen dieser Linien werden Abweichungen, Fehler oder Residuen genannt. Wie bei den Abweichungen vom Mittelwert bilden wir nun die Fehlerquadrate und summieren diese.

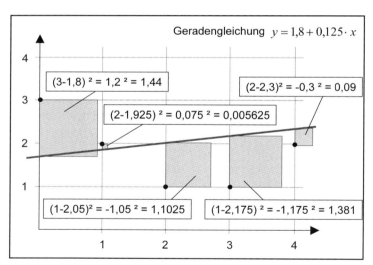

Bild 100: Fehlerquadrate der Geradengleichung $y=1{,}8 + 0{,}125$

Für unser Beispiel erhalten wir folgende Fehlerquadratsumme:

$$Flächensumme = 1{,}44 + 0{,}005625 + 1{,}1025 + 1{,}380625 + 0{,}09$$

$$F_{(1.8,0.125)} = \sum_{i=1}^{n=5} \left(1{,}8 + 0.125 \cdot x_i - \hat{y}_i\right)^2 = 4{,}011875$$

Wir können nun in beliebiger Weise weitere Geraden in dieses Diagramm ein-
zeichnen, die sich durch y-Achsenabschnitt a_0 und Steigung a_1 unterscheiden.
Jede dieser Geraden wird eine andere Fehlerquadratsumme aufweisen. Die optimale Gerade mit der besten Anpassung ist diejenige, deren Fehlerquadratsumme
am kleinsten ist. In der nachfolgenden Tabelle haben wir für verschiedene Kombinationen von a0 und a1 die Fehlerquadratsumme dargestellt.

a_0 \ a_1	-0,7	-0,5	-0,3	-0,1	0,1	0,3
1,8	13,30	7,30	3,70	2,50	3,70	7,30
1,9	11,95	6,35	3,15	2,35	3,95	7,95
2,0	10,70	5,50	2,70	2,30	4,30	8,70
2,1	9,55	4,75	2,35	2,35	4,75	9,55
2,2	8,50	4,10	2,10	2,50	5,30	10,50
2,3	7,55	3,55	1,95	2,75	5,95	11,55
2,4	6,70	3,10	1,90	3,10	6,70	12,70
2,5	5,95	2,75	1,95	3,55	7,55	13,95
2,6	5,30	2,50	2,10	4,10	8,50	15,30
2,7	4,75	2,35	2,35	4,75	9,55	16,75
2,8	4,30	2,30	2,70	5,50	10,70	18,30
2,9	3,95	2,35	3,15	6,35	11,95	19,95
3,0	3,70	2,50	3,70	7,30	13,30	21,70

Bild 101: Fehlerquadrate bei verschiedenen Geraden

Wir sehen, dass bei der Geraden a_0 = 2,4 und a_1 = -0,3 die bisher kleinste Fehlerquadratsumme von 1,90 auftritt. Wir können natürlich nicht sicher sein, dass dies
die optimale Gerade ist, jedoch ist anzunehmen, dass diese Lösung dem Opti-
mum sehr nahe kommt. Um die Abhängigkeit der Flächensummen von a_0 und a_1
besser zu veranschaulichen, können wir die Werte in ein dreidimensionales Diagramm eintragen.

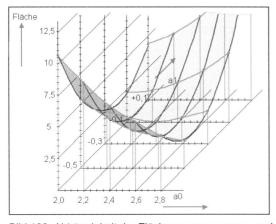

Bild 102: Abhängigkeit der Flächensummen von a_0 und a_1

Wir erhalten eine ähnliche Darstellung wie bei der Mittelwertbildung. Wenn wir genau feststellen wollen, welche Gerade die kleinsten Fehlerquadrate aufweist, müssen wir folgende Rechenschritte durchführen:

Wir suchen eine Geradengleichung der Form $\qquad P_{(x)} = a_0 + a_1 * x$

für die gefordert wird, dass die Summe der Quadrate der Abweichungen zu den Messwerten minimal ist:

$$\sum_{i=1}^{n} \left(P_{(x_i)} - \hat{Y}_i \right)^2 = Minimum$$

In unserem Beispiel ist n=5. Ausgeschrieben ergibt sich Folgendes:

$$\left(P_{(x_1)} - \hat{y}_1 \right)^2 + \left(P_{(x_2)} - \hat{y}_2 \right)^2 + \left(P_{(x_3)} - \hat{y}_3 \right)^2 + \left(P_{(x_4)} - \hat{y}_4 \right)^2 + \left(P_{(x_5)} - \hat{y}_5 \right)^2 = Minimum$$

Man kann auch schreiben:

$$\left(a_0 + a_1 x_1 - \hat{y}_1 \right)^2 + \left(a_0 + a_1 x_2 - \hat{y}_2 \right)^2 + \left(a_0 + a_1 x_3 - \hat{y}_3 \right)^2 + \left(a_0 + a_1 x_4 - \hat{y}_4 \right)^2 + \left(a_0 + a_1 x_5 - \hat{y}_5 \right)^2 = Min.$$

Wir erhalten also eine Funktion, die von a_0 und a_1 abhängt und deren Minimum gesucht ist.

$$F\left(a_0, a_1 \right) = \sum_{i=1}^{n} \left(a_0 + a_1 x_i - \hat{y}_i \right)^2$$

Ebenso wie bei der Ermittlung des arithmetischen Mittelwertes hat man also eine Funktion, deren Minimum gesucht wird. Einziger Unterschied ist, dass diese Funktion von zwei Variablen abhängt, nämlich a_0 und a_1. Man muss hier also die Ableitung in zwei Ebenen durchführen, wobei die Steigung der gesuchten Ebene in beiden Richtungen Null werden muss. Dieses Problem wird durch die sogenannte partielle Differentiation gelöst. Die Ableitung der gegebenen Funktion liefert das System der so genannten **Normalengleichungen**, ein Gleichungssystem von zwei Gleichungen mit zwei Unbekannten:

$$\sum_{i=1}^{n} \left(a_0 + a_1 x_i \right) = \sum_{i=1}^{n} \hat{y}_i$$

$$\sum_{i=1}^{n} \left(a_0 x_i + a_1 x_i^2 \right) = \sum_{i=1}^{n} \hat{y}_i x_i$$

Diese Gleichungen lassen sich sehr leicht mit Hilfe eines Rechenschemas lösen:

i	1	x_i	x_i^2	$\hat{y}_i$	$\hat{y}_i x_i$
1	1	0	0	3	0
2	1	1	1	2	2
3	1	2	4	1	2
4	1	3	9	1	3
5	1	4	16	2	8
Σ	5	10	30	9	15

Bild 103: Schema zur Berechnung der Regressionsgeraden

Wir setzen nun die Summen in die Gleichungen ein:

$$5a_0 + 10a_1 = 9$$
$$10a_0 + 30a_1 = 15$$

Wir multiplizieren die obere Gleichung mit -2 und addieren beide Gleichungen:

$$-10a_0 - 20a_1 = -18$$
$$\underline{10a_0 + 30a_1 = 15}$$
$$10a_1 = -3 \quad \Rightarrow \quad a_1 = -\frac{3}{10}$$

Um a_0 zu berechnen setzen wir nun a_1 in die erste Gleichung ein und erhalten so:

$$5a_0 + 10 \cdot \left(-\frac{3}{10}\right) = 9$$
$$\Rightarrow \quad 5a_0 - 3 = 9$$
$$\Rightarrow \quad 5a_0 = 12$$
$$\Rightarrow \quad a_0 = \frac{5}{12}$$

Als Ergebnis erhalten wir die optimale Ausgleichsgerade:

$$P_{(x)} = \frac{12}{5} - \frac{3}{10} \cdot x = 2,4 - 0,3 \cdot x$$

7.3 Korrelation und Bestimmtheitsmaß

Mit Hilfe der einfachen, linearen Regressionsanalyse haben wir eine Geradengleichung ermittelt, die dem Prinzip der kleinsten Fehlerquadrate entspricht. Noch keine Aussage haben wir über die Güte der Anpassung der gefundenen Geraden an die Punktwolke. Wir brauchen also ein Maß, das angibt, wie gut sich die gefundene Funktion an die Messpunkte anpasst. Hierzu verwendet man in der Praxis die Korrelation und das Bestimmtheitsmaß.

7.3.1 Korrelation

Wir wollen anhand unseres bekannten Beispiels das Prinzip der Korrelation erläutern. Hierzu tragen wir wieder unsere Messwerte y_i über den Einflussgrößenwerten x_i auf:

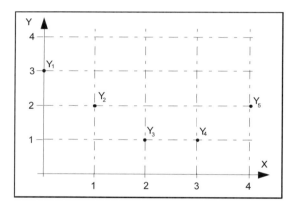

Bild 104: Beispiel zur Ermittlung der Korrelation

Wie bei der Mittelwertbildung wollen wir die eingezeichneten Punkte wieder als gleich große Gewichte auffassen und einen Unterstützungspunkt suchen, für den diese Gewichte im Gleichgewicht sind.

Hierzu bilden wir die Mittelwerte der y- und x-Werte, also:

$$\bar{x} = \frac{1}{5} \cdot \sum_{1}^{5} x_i = \frac{0 + 1 + 2 + 3 + 4}{5} = 2$$

und

$$\bar{y} = \frac{1}{5} \cdot \sum_{1}^{5} y_i = \frac{3 + 2 + 1 + 1 + 2}{5} = 1{,}8$$

Wenn wir den Mittelwert von x in die gefundene Regressionsformel einsetzen, dann erhalten wir:

$$y = \frac{12}{5} - \frac{3}{10} \cdot 2 = 1{,}8$$

Unsere Regressionsgerade führt also offensichtlich genau durch den Schwerpunkt (2; 1,8).

Im nächsten Schritt wollen wir in unsere Darstellung diesen Punkt eintragen und von jedem Messpunkt aus ein Rechteck zu diesem Punkt bilden.

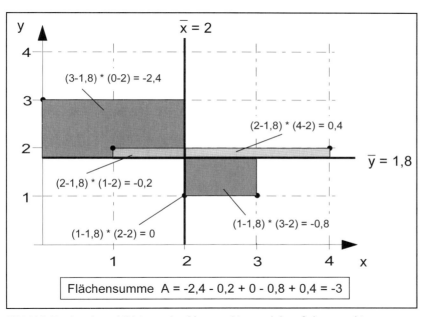

Bild 105: Rechtecke gebildet aus den Messpunkten und dem Schwerpunkt

Die eingezeichneten Flächen kann man wie folgt berechnen:

Fläche 1: $A_1 = (y_1 - \bar{y}) \cdot (x_1 - \bar{x}) = (3 - 1.8) \cdot (0 - 2) = 1.2 \cdot (-2) = -2{,}4$

Fläche 2: $A_2 = (y_2 - \bar{y}) \cdot (x_2 - \bar{x}) = (2 - 1.8) \cdot (1 - 2) = 0.2 \cdot (-1) = -0{,}2$

Fläche 3: $A_3 = (y_3 - \bar{y}) \cdot (x_3 - \bar{x}) = (1 - 1.8) \cdot (2 - 2) = (-0.8) \cdot 0 = 0$

Fläche 4: $A_4 = (y_4 - \bar{y}) \cdot (x_4 - \bar{x}) = (1 - 1.8) \cdot (3 - 2) = (-0.8) \cdot 1 = -0{,}8$

Fläche 5: $A_5 = (y_5 - \bar{y}) \cdot (x_5 - \bar{x}) = (2 - 1.8) \cdot (4 - 2) = 0.2 \cdot 2 = 0{,}4$

Wie man sieht, gibt es positive und negative Werte, je nach Lage des Messwerts. Dabei können wir vier verschiedene Fälle unterscheiden:

1. Fall: $y_i > \overline{y}$ und $x_i > \overline{x} \Rightarrow A_i > 0$
2. Fall: $y_i < \overline{y}$ und $x_i < \overline{x} \Rightarrow A_i > 0$
3. Fall: $y_i < \overline{y}$ und $x_i > \overline{x} \Rightarrow A_i < 0$
4. Fall: $y_i > \overline{y}$ und $x_i < \overline{x} \Rightarrow A_i < 0$

Wir können also vier Bereiche unterscheiden, in denen die Rechtecke jeweils positive und negative Werte annehmen. Die vier Bereiche, auch Quadranten genannt, werden durch eine senkrechte und eine waagerechte Gerade begrenzt, die genau durch den Punkt $\overline{x}$ und $\overline{y}$ geht. Je größer der Anteil der positiven Flächen ist, desto mehr Flächenanteile befinden sich also im unteren linken und oberen rechten Quadranten und umgekehrt. Daraus folgt:

Ist die Flächensumme > 0 dann erhalten wir eine positive Steigung
Ist die Flächensumme < 0 dann erhalten wir eine negative Steigung

Die allgemeine Formel für die Rechteckflächensumme wird wie folgt geschrieben:

$$s_{XY} = \sum_{i=1}^{n} (x_i - \overline{x}) \cdot (y_i - \overline{y})$$

Diese Flächensumme wird nun auf die für diesen Fall maximal mögliche Flächensumme bezogen. Hierzu werden mit den von den Messpunkten ausgehenden Loten auf die jeweiligen Mittelwertelinien Quadrate gebildet, wobei die mit den senkrechten und die mit den waagerechten Loten gebildeten Quadrate jeweils summiert werden. Das geometrische Mittel aus den beiden Quadratflächensummen wird nun als Bezugsgröße für die Berechnung der Korrelation verwendet.

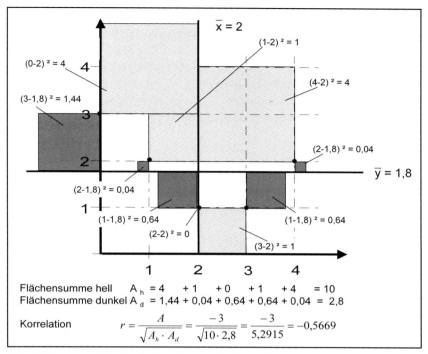

Bild 106: Bezugsgröße für die Berechnung der Korrelation

Die allgemeine Formel für die Summen der Quadrate wird wie folgt geschrieben:

$$s_X \cdot s_Y = \sqrt{\sum_{i=1}^{n}\left(x_i - \overline{x}\right)^2} \cdot \sqrt{\sum_{i=1}^{n}\left(y_i - \overline{y}\right)^2}$$

Dies ist also das Produkt der beiden Standardabweichungen s_X und s_Y. Die allgemeine Formel für die Berechnung der Korrelation ergibt sich also wie folgt:

$$r_{XY} = \frac{s_{XY}}{s_X \cdot s_Y} = \frac{\sum_{i=1}^{n}\left(x_i - \overline{x}\right) \cdot \left(y_i - \overline{y}\right)}{\sqrt{\sum_{i=1}^{n}\left(x_i - \overline{x}\right)^2} \cdot \sqrt{\sum_{i=1}^{n}\left(y_i - \overline{y}\right)^2}}$$

Die Korrelation wird dadurch auf Werte zwischen -1 und 1 normiert.

Die Korrelation verwendet man zur Beurteilung der Stärke der Abhängigkeit zwischen zwei Messgrößen, in unserem Beispiel den Werten x und y. Die Korrelation kann maximal den Wert 1 annehmen. Ist dies der Fall, dann liegen alle Werte exakt auf der gefundenen Funktion, deren Steigung in diesem Fall positiv ist. Der kleinste mögliche Wert der Korrelation ist -1. Ist dies der Fall, dann liegen alle Werte exakt auf der gefundenen Funktion, deren Steigung in diesem Fall negativ ist. Für alle anderen Werte der Korrelation gilt: -1 < r < 1.

Allgemein gilt: für r < 0 → Steigung < 0
                 für r > 0 → Steigung > 0
                 für r = 0 → Steigung = 0

Je näher der Wert r der Korrelation bei Null liegt, desto weniger liegt ein Zusammenhang zwischen den Messreihen vor. Im Folgenden wollen wir einige Beispiele für die Korrelation von Messpunkten zeigen. In Bild 107 erkennen wir eine sehr gute Annäherung zwischen der Regressionsgeraden und den Messpunkten. Die Gerade schneidet die y-Achse bei -2,89 und hat eine positive Steigung von 0,523. Dementsprechend ist auch die Korrelation mit r=0,992 positiv und sehr hoch.

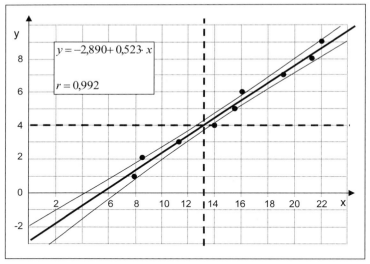

Bild 107: Beispiel für eine hohe positive Korrelation zweier Messreihen

Die beiden dünnen Linien oberhalb und unterhalb der Geraden sind die Grenzen des Vertrauensbereichs der Funktion. Innerhalb dieser Grenzen liegt mit einer Wahrscheinlichkeit von 95% die wahre, aber unbekannte Funktion der Grundgesamtheit

In Bild 108 erkennen wir eine schlechte Annäherung zwischen Gerade und Messpunkten, eine negative Steigung und eine kleine Korrelation von r=-0,519.

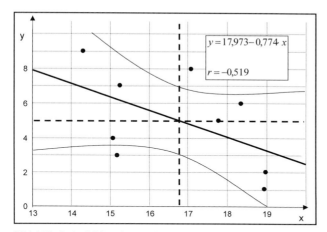

Bild 108: Beispiel für eine geringe negative Korrelation zweier Messreihen

Beispiel 40: Korrelation aus Hartung / 1 /   Datei: Stqm0120 Korr-Alter-Bdruck.mdd

Es soll die Stärke der Abhängigkeit zwischen Alter und Blutdruck bei Frauen abgeschätzt werden. Hierzu wurde der mittlere Blutdruck von 15 Frauen verschiedenen Alters gemessen. Das Ergebnis des in Bild 109 abgebildeten Rechenschemas zeigt, dass zwischen Alter und Blutdruck eine hohe positive Korrelation existiert.

i	Blutdruck y_i	Alter x_i	$y_i - \bar{y}$	$x_i - \bar{x}$	$(x_i - \bar{x}) \cdot (y_i - \bar{y})$	$(x_i - \bar{x})^2$	$(y_i - \bar{y})^2$
1	129	47	-5,067	0	0,000	0	25,671
2	139	52	4,933	5	24,667	25	24,338
3	112	30	-22,067	-17	375,133	289	486,938
4	119	35	-15,067	-12	180,800	144	227,004
5	145	59	10,933	12	131,200	144	119,538
6	133	44	-1,067	-3	3,200	9	1,138
7	152	63	17,933	16	286,933	256	321,604
8	117	38	-17,067	-9	153,600	81	291,271
9	145	49	10,933	2	21,867	4	119,538
10	136	41	1,933	-6	-11,600	36	3,738
11	115	32	-19,067	-15	286,000	225	363,538
12	137	55	2,933	8	23,467	64	8,604
13	134	46	-0,067	-1	0,067	1	0,004
14	141	51	6,933	4	27,733	16	48,071
15	157	63	22,933	16	366,933	256	525,938
Mittel	134,0667	47		Summen	1870,000	1550	2566,933

Bild 109: Berechnung der Korrelation zwischen Alter und Blutdruck (r = 0,93755)

7.3.2 Bestimmtheitsmaß

Auch dies ist ein Maß für die Güte der Anpassung der Regressionsfunktion an die Messwerte. Wir wollen nun die Bedeutung des Bestimmtheitsmaßes anhand eines Beispiels erläutern.

Beispiel 41: Ermittlung des Bestimmtheitsmaßes

In unserem Regressionsbeispiel liegen folgende Werte vor:

i	1	2	3	4	5
x_i	0	1	2	3	4
y_i	3	2	1	1	2

Wir erhalten den Mittelwert der y-Werte:

$$\bar{y} = \frac{1}{n}\sum(y_i) = \frac{3+2+1+1+2}{5} = 1{,}8$$

Berechnen wir die Varianz für die y-Werte, dann erhalten wir:

$$s^2_{(y)} = \frac{1}{n-1}\sum(y_i - \bar{y})^2 = \frac{1}{4}\cdot 2{,}8 = 0{,}7$$

Wir wissen, dass die Varianz ein gutes Maß für die Streuung einer Messreihe ist, weil alle Abstandsquadrate in diesen Kennwert einfließen.

Bei der Regressionsrechnung erhalten wir ebenfalls für jeden y-Wert ein Abstandsquadrat, denn die gefundene Geradengleichung war ja unter der Prämisse zustandegekommen, dass die Summe der Abstandsquadrate für die Regressionsgerade ein Minimum ergibt. Nun betrachten wir die Abweichungen zwischen den gemessenen und den mit Hilfe der Regressionsfunktion berechneten Werten und stellen diese der einfachen Mittelwertrechnung gegenüber:

i	y_i	$\bar{y}$	$y_i - \bar{y}$	$(y_i - \bar{y})^2$	$f_{(x_i)}$	$y_i - f_{(x_i)}$	$(y_i - f_{(x_i)})^2$
1	3	1,8	1,2	1,44	2,4	0,6	0,36
2	2	1,8	0,2	0,04	2,1	-0,1	0,01
3	1	1,8	-0,8	0,64	1,8	-0,8	0,64
4	1	1,8	-0,8	0,64	1,5	-0,5	0,25
5	2	1,8	0,2	0,04	1,2	0,8	0,64
Summen	9	9	0,0	2,80	9	0.0	1.9

Wir sehen: die Summe der quadratischen Abweichungen bei der Mittelwertbildung beträgt 2,8, demgegenüber beträgt diese Summe bei der Regressionsrechnung nur noch 1,9. Das heißt, durch die Regressionsrechnung wird die *Fehlerquadratsumme reduziert*. Als Maß für die Streuung haben wir die Varianz als Fehlerquadratsumme dividiert durch (n-1) kennen gelernt.

Bilden wir die Varianz der Abweichungen von der Regressionsgeraden, dann erhalten wir:

$$s^2_{(Re\,gressionsrechnung)} = \frac{1}{4} \cdot 1,9 = 0,475$$

Wir konnten also durch die Regressionsrechnung das Streumaß Varianz um

$$0,7 - 0,475 = 0,225$$

verbessern. Beziehen wir diese Verbesserung auf die ursprüngliche Varianz der Mittelwertrechnung, so erhalten wir mit

$$\frac{0,225}{0,7} = 0,3214 = B \quad \text{das Bestimmtheitsmaß.}$$

Allgemein gilt also:

$$\boxed{B = \frac{s^2_\varnothing - s^2_{REG}}{s^2_\varnothing}} \qquad \text{mit} \qquad \begin{aligned} s^2_\varnothing & \quad \text{Varianz der Abweichungen} \\ & \quad \text{vom Mittelwert} \\ s^2_{REG} & \quad \text{von der Regression} \end{aligned}$$

Somit ist das Bestimmtheitsmaß ein Maß für die Verbesserung der Varianz, die man durch den Einsatz der Regressionsrechnung im Gegensatz zur einfachen Mittelwertrechnung erreicht. Zwischen Bestimmtheitsmaß und Korrelation besteht folgender mathematischer Zusammenhang:

$$B = r^2$$

Interpretation des Bestimmtheitsmaßes

Wird durch die Regressionsrechnung erreicht, dass alle Rechenwerte exakt mit den Messwerten übereinstimmen, dann werden alle Abstandsquadrate zu Null. Es gilt: $s^2_{REG} = 0$

Setzt man dieses Ergebnis in die Berechnungsformel für das Bestimmtheitsmaß ein, so erhält man: $B = \dfrac{s^2_\varnothing - 0}{s^2_\varnothing} = 1$

Wird durch die Regressionsrechnung jedoch keinerlei Verbesserung erreicht, dann ist die Reststreuung genau so groß wie die Ursprungsstreuung. Es gilt: $s^2_{REG} = s^2_\varnothing$

Setzt man dieses Ergebnis in die Berechnungsformel ein, so erhält man: $B = 0$

Da also jedes Bestimmtheitsmaß > 0 eine Verbesserung gegenüber der einfachen Mittelwertrechnung darstellt, kann man sagen, dass es keine festgelegte Untergrenze von Bestimmtheitsmaßen für die Verwendung der Formel gibt.

Das Unbestimmtheitsmaß
Diese Maß ist wie folgt definiert: $U = 1 - B$

Das Unbestimmtheitsmaß ist somit ein Maß für die Reststreuung nach Durchführung einer Regressionsrechnung.

Auswirkung zufälliger Streuung auf das Bestimmtheitsmaß
Im Folgenden wollen wir untersuchen, wie unterschiedliche Ausprägungen der Einflussgröße auf eine überlagerte zufällige Streuung reagieren.

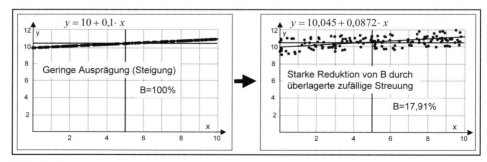

Bild 110: Reaktion einer Einflussgröße mit schwacher Ausprägung auf eine zufällige Streuung

Links in Bild 110 sehen wir den Idealzustand: Die Messpunkte sind angeordnet wie die Perlen auf einer Schnur. In diesem Fall werden Korrelation und Bestimmtheitsmaß zu 1=100%. Durch die Überlagerung mit einer zufälligen Streuung werden aufgrund der schwachen Ausprägung (Steigung) viele Messpunkte, die ursprünglich links unterhalb des durchschnittlichen y-Wertes lagen, nach oberhalb verschoben. Das gleiche gilt für viele Messwerte, die ursprünglich alle rechts oberhalb des durchschnittlichen y-Wertes lagen und nach unten verschoben werden. Das hat zur Folge, dass im Gegensatz zum Ursprungszustand in allen 4 Quadranten nahezu gleich viele Messwerte auftauchen.

Obwohl der Trend der Funktion noch erhalten blieb, erscheint er jedoch stark verwischt. Aus diesem Grund werden Korrelation und Bestimmtheitsmaß stark reduziert. Wenn man diese geschilderten Zusammenhänge kennt, ist es trotz geringem Bestimmtheitsmaß zulässig, die gefundene Planzeitformel zu verwenden, denn diese ist immer noch besser als der Mittelwert.

Im folgenden Bild zeigen wir den Fall einer stark ausgeprägten Einflussgröße.

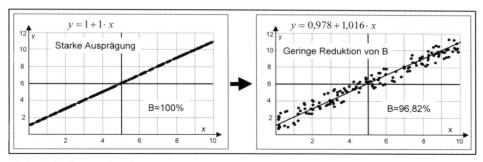

Bild 111: Einflussgröße mit starker Ausprägung ohne und mit zufälliger Streuung

Wie man sieht, kann die überlagerte Streuung hier keine so gravierende Änderung hervorrufen. Nur sehr wenige Punkte verlassen ihren ursprünglichen Quadranten und das Bestimmtheitsmaß verringert sich nur geringfügig. Ist eine Einflussgröße also stark ausgeprägt (hohe Steigung), bleibt auch das Bestimmtheitsmaß stabil.

Bei der Verwendung von Regressionsformeln für die Zeitkalkulation nach REFA stellt sich häufig die Frage, ob das Bestimmtheitsmaß einen gewissen vorgegebenen Wert überschreiten muss, damit der Planzeitbaustein verwendet werden darf. Aus dem o.g. Beispiel geht eindeutig hervor, dass dies nicht so ist, denn auch ein kleines Bestimmtheitsmaß ist – bei geringer Ausprägung der Einflussgröße – immer noch besser als der Mittelwert, dessen Bestimmtheitsmaß definitionsgemäß 0 ist.

7.4 Nichtlineare Regression mit einer Einflussgröße

Die Durchführung der nichtlinearen Regression soll anhand eines einfachen Beispiels verdeutlicht werden. Wie oben bereits erwähnt, unterscheidet sich die nichtlineare Regression von der linearen Regression dadurch, dass die Messwerte der Einflussgrößen mittels mathematischer Funktionen transformiert und damit linearisiert werden. Nach der Transformation der Messwerte wird dann die lineare Regression durchgeführt.

Die Wahl der mathematischen Funktionen entscheidet dabei über die Güte der Annäherung. Deshalb ist es sinnvoll, mehrere Funktionen auszuprobieren, um so ein optimales Ergebnis zu erzielen. In unserem Beispiel wollen wir uns auf folgende drei Transformationen beschränken:

x => linear
x^2 => quadratisch
x^3 => kubisch

Beispiel 42: nichtlineare Regression	Datei Stqm0130 nichtlin-Regression.MDD

Das Ausgangsdatenmaterial soll in folgender Form vorliegen:

y	x
2,00	1,00
2,73	1,20
3,74	1,40
5,10	1,60
6,83	1,80
9,00	2,00
11,65	2,20
14,82	2,40
18,58	2,60
22,95	2,80
28,00	3,00

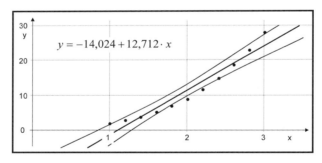

$$y = -14,024 + 12,712 \cdot x$$

Bild 112: Annäherung durch lineare Regression

Es wird zunächst die lineare Regression durchgeführt und ein Bestimmtheitsmaß von 93,45 % erreicht. Wir sehen, dass eine Geradengleichung die Krümmung der Funktion nicht gut anpassen kann. Bei der Annäherung durch eine Quadratfunktion (x^2) werden die x-Werte des Ausgangsdatenmaterials quadriert und mit diesen Werten wird eine lineare Regression durchgeführt:

Man erkennt, dass die Krümmung der Funktion schwächer wird, so dass eine bessere Anpassung erreicht wird. Es tritt der Effekt auf, dass alle x-Werte, die größer als 1 sind, vergrößert werden. Dieser Effekt verstärkt sich mit zunehmender Größe des Ursprungswertes. Das Bestimmtheitsmaß verbessert sich auf 98,54%.

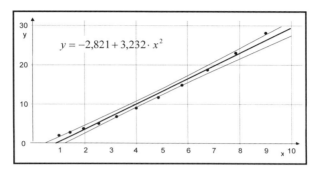

y	x	x^2
2,00	1,00	1,00
2,73	1,20	1,44
3,74	1,40	1,96
5,10	1,60	2,56
6,83	1,80	3,24
9,00	2,00	4,00
11,65	2,20	4,84
14,82	2,40	5,76
18,58	2,60	6,76
22,95	2,80	7,84
28,00	3,00	9,00

$$y = -2{,}821 + 3{,}232 \cdot x^2$$

Bild 113: Annäherung durch quadratische Transformation

Wenn wir die Ursprungswerte mit drei potenzieren, erhalten wir Folgendes:

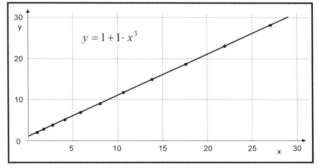

y	x	x^2	x^3
2,00	1,00	1,00	1,00
2,73	1,20	1,44	1,73
3,74	1,40	1,96	2,74
5,10	1,60	2,56	4,10
6,83	1,80	3,24	5,83
9,00	2,00	4,00	8,00
11,65	2,20	4,84	10,65
14,82	2,40	5,76	13,82
18,58	2,60	6,76	17,58
22,95	2,80	7,84	21,95
28,00	3,00	9,00	27,00

$$y = 1 + 1 \cdot x^3$$

Bild 114: Annäherung durch kubische Transformation

Es gelingt uns, die transformierten Werte mit Hilfe der linearen Regression exakt zu treffen. Das Bestimmtheitsmaß verbessert sich auf 100 %.

Nichtlineare Regression beinhaltet also das Behandeln der x-Werte des Ausgangsdatenmaterials mit einer mathematischen Funktion (Transformation) und die Durchführung einer linearen Regression mit den entsprechend transformierten Werten.

Die folgende Darstellung zeigt den Zusammenhang noch einmal in komprimierter
Form:

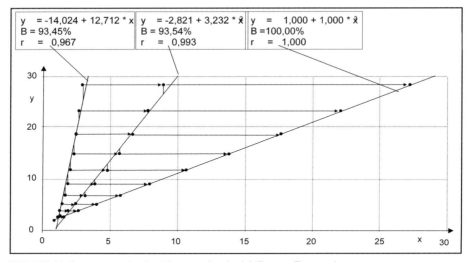

Bild 115: Verbesserung der Annäherung durch nichtlineare Regression

7.5 Nichtlineare Regression mit mehreren Einflussgrößen

Auch dieser Fall soll durch ein einfaches Beispiel näher erläutert werden.

Beispiel 43: mehrfache nichtlineare Regression   Datei: Stqm0140 mehrfache nichtlin-Reg.mdd

y	x_1	x_2
0,400	1	1
0,700	2	1
1,200	3	1
1,900	4	1
1,093	1	2
1,393	2	2
1,893	3	2
2,593	4	2
1,499	1	3
1,799	2	3
2,299	3	3
2,999	4	3
1,786	1	4
2,086	2	4
2,586	3	4
3,286	4	4

Das Ausgangsdatenmaterial liegt in der dargestellten Form vor:

Wie kann nun die richtige Funktion gefunden werden, wenn folgende mathematische Transformationen zur Verfügung stehen:

$\sqrt{x}$	Wurzelfunktion
x	linear
x^2	quadratisch
x^3	hoch 3
$\ln(x)$	natürlicher Logarithmus

Man kann nun wie folgt vorgehen: Zunächst behandelt man x_1 mit der Wurzelfunktion und berechnet die Regressionsfunktionen der vier Transformationen von x_2. Anschließend verfährt man mit den restlichen Transformationen von x_1 in der gleichen Weise, so dass *alle möglichen Kombinationen* berechnet werden. Als Ergebnis wählt man die Kombination von Transformationen, die das beste Bestimmtheitsmaß liefert. Das Ergebnis ist in Bild 116 dargestellt.

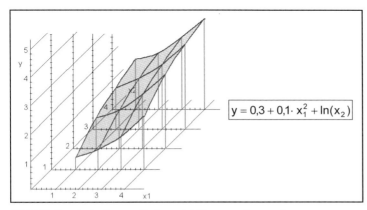

$$y = 0,3 + 0,1 \cdot x_1^2 + \ln(x_2)$$

Bild 116: Ergebnis der zweifachen nichtlinearen Regression

Zur Lösung unseres Beispielproblems sind also $5^2 = 25$ Regressionsrechnungen erforderlich. Es ergibt sich folgende Matrix der Bestimmtheitsmaße:

	$\sqrt{x}$	x	x^2	x^3	$\ln(x)$
$\sqrt{x}$	95,52	94,18	89,86	85,12	95,98
x	97,86	96,52	92,20	87,52	98,32
x^2	99,54	98,21	93,88	89,20	100,00
x^3	98,52	97,18	92,86	88,18	98,98
$\ln(x)$	92,26	90,93	86,60	81,92	92,72

Bild 117: Mögliche Kombinationen bei 2 Einflussgrößen und 5 Transformationen

Mit dieser Totalenumeration wird mit Sicherheit die beste Lösung bei vorgegebenen Transformationen erreicht. Die Anzahl der Berechnungen n ergibt sich aus folgender Formel:

$$n = AT^{EFG}$$

n: Anzahl der Regressionsrechnungen
AT: Anzahl der Transformationen
EFG: Anzahl der Einflussgrößen

Da in der Regel die Anzahl der Transformationen größer gewählt wird, kann es bei größerer Einflussgrößenzahl zu erheblichen Rechenzeiten kommen. Um diese zu vermeiden, sind Optimierungsalgorithmen erforderlich, die mit erheblich weniger Rechenschritten ein gutes Ergebnis liefern. In Bild 118 wird die Wirksamkeit der Optimierungsrechnung in der Statistiksoftware Regressa deutlich.

Totalenumeration					Optimierung		
AT	EFG	Anzahl Reg. n	Rechen- zeit [s]	BM [%]	Anzahl Reg. n	Rechen- zeit [s]	BM [%]
15	2	225	0,8	89,4	60	2,0	89,4
15	3	3375	1,8	90,2	90	2,0	89,7
15	4	50625	18,5	91,5	120	2,0	90,9
15	5	759375	326,0	94,1	150	2,5	93,8
15	6	11390625	5991,5	96,9	180	2,8	94,8

Bild 118: Reduzierung des Rechenaufwands durch Optimierung

Die Anzahl der Rechenschritte und die damit verbundene Rechenzeit wird erheblich reduziert. Die Rechenzeit von 2 Sek. in den ersten drei Zeilen wird im Wesentlichen vom Bildschirmaufbau verursacht. Die erreichten Bestimmtheitsmaße weichen nicht wesentlich von den maximalen der Totalenumeration ab. Man erkennt auch, dass bei Einsatz heutiger Rechner (Pentium 3 oder höher) eine Totalenumeration bei bis zu 3 Einflussgrößen schnell genug ist und die Optimierungsrechnung entfallen kann.

7.6 Beurteilung von Regressionsformeln, Testverfahren

Wir betrachten zunächst ein Beispiel.

Beispiel 44: Beurteilung von Regressionsformeln   Datei: Stqm0150 Beurteilung-Reg.mdd

1	2	3	4	5	6	7	8	9	10	11	12	13	14	15	16	17	18	19	20
22	22	19	21	22	19	4	16	12	8	15	8	23	17	13	25	23	21	17	9
15	15	13	12	14	12	1	10	7	3	9	2	14	10	5	16	13	11	9	3

Die lineare Regressionsanalyse liefert folgendes Ergebnis:

$$y = 4{,}7198 + 1{,}2454 \cdot x_1 \quad \text{mit } B = 94{,}7369\,\%$$
$$r = 0{,}97333$$

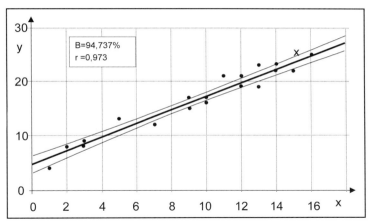

Bild 119: Beispiel für die Beurteilung von Regressionsanalysen

Neben Bestimmtheitsmaß und Korrelation werden noch folgende Verfahren zur Beurteilung des Ergebnisses herangezogen:
- Beurteilung der grafischen Darstellungen $y = f_{(x)}$ und Vertrauensbereich
- Residualanalyse / Vergleich Messung-Rechnung
- Residualanalyse / Kenngrößen
- Residualanalyse / Testverfahren
- Residualanalyse / Grafiken
- Vertrauensbereich der Koeffizienten

Zusätzlich bei mehrfacher Regression
- Korrelationsmatrix
- Test auf Reduktion der Einflussgrößen

7.6.1 Residualanalyse

Bei dieser Analyse werden die Abweichungen (Residuen) zwischen den gemessenen und den berechneten y-Werten gebildet und als Messstichprobe aufgefasst.

Es werden also folgende $\Delta_i = y_i - f_{(x_i)}$ Werte berechnet:

Für das o.g. Beispiel erhalten wir folgende Tabelle:

i	1	2	3	4	5	6	7	8	9	10
y_i	23,40	23,40	20,91	19,66	22,16	19,66	5,97	17,17	13,44	8,46
$f_{(xi)}$	22	22	19	21	22	19	4	16	12	8
Δi	-1,40	-1,40	-1,91	1,34	-0,16	-0,66	-1,97	-1,17	-1,44	-0,46

i	11	12	13	14	15	16	17	18	19	20
y_i	15,93	7,21	22,16	17,17	10,95	24,65	20,91	18,42	15,93	8,46
$f_{(xi)}$	15	8	23	17	13	25	23	21	17	9
Δi	-0,93	0,79	0,84	-0,17	2,05	0,35	2,09	2,58	1,07	0,54

Die untere Zeile dieser Tabelle enthält die Abweichungen (Residuen, Fehler, Reststreuung). Aus der Ableitung der Regressionsfunktion wissen wir, dass die Summe der Abweichungen Null ergeben muss.

Wir stellen nun die Kenngrößen der Residuen der Regressionsrechnung den Residuen der Mittelwertbildung gegenüber.

Residuen	Regression	Mittelwert	Residuen	Regression	Mittelwert
Minimum	-1,965	-12,800	VB/2	0,648	2,824
Maximun	2,581	8,200	Epsilon	3,86%	16,81%
Spannweite	4,546	21,000	Testverfahren		
Varianz	1,915	36,379	Zufälligkeit		OK
Standardabweichung	1,384	6,031	Normalverteilung		OK
Variationszahl	8,24%	35,90%	Ausreißer		OK
Anzahl Werte: 20	Mittelwert:	16,8	Bezug: Messwert		

Bild 120: Gegenüberstellung Regressionsrechnung – Mittelwert

Wir sehen, dass im Vergleich zur Mittelwertbildung Spannweite, Varianz, Standardabweichung und Variationszahl der Fehler erheblich reduziert werden konnten. Auch die Werte der schließenden Statistik VB/2 und Epsilon sind entsprechend vermindert worden. Wie wir wissen, wird aus der Differenz der Varianzen bezogen auf die Ursprungsvarianz des Mittelwertes das Bestimmtheitsmaß der Formel berechnet:

$$B = \frac{s_\varnothing^2 - s_{REG}^2}{s_\varnothing^2} = \frac{36,379 - 1,915}{36,379} = 94,74\%$$

Der Vertrauensbereich des Mittelwertes der Zielgröße hat folgenden Wert:

$$VB/2_{Mittelwert} = 2,824$$

In gleicher Weise können wir einen Vertrauensbereich der Residuen bilden:

$$VB/2_{Regression} = 0,648$$

Wie man sieht, wird durch die Regressionsrechnung der Vertrauensbereich erheblich verkleinert. Bei der Mittelwertbildung wird nun der relative Vertrauensbereich ε gebildet, indem VB/2$_{Mittelwert}$ durch den Mittelwert dividiert wird. Um nun einen Vergleichswert für die Regressionsrechnung zu erhalten, bezieht man VB/2$_{Regression}$ ebenfalls auf den Mittelwert. Wir erhalten eine Vergleichskenngröße für den relativen Vertrauensbereich bei der Regressionsrechnung.

$$\boxed{\varepsilon_R = \frac{VB/2_{Regression}}{\overline{y}}}$$

Diese Kenngröße kann direkt mit dem ε des Mittelwertes verglichen werden. Auch hier gilt natürlich, dass durch die Hinzunahme von Messpunkten ε beliebig verkleinert werden kann.

7.6.2 Test auf Zufälligkeit bei der Regressionsrechnung

Bei diesem Test wird geprüft, ob die Anordnung der Abweichungen zufällig ist oder ob ein Trend zu erkennen ist. Ein Trend liegt z.B. dann vor, wenn Bereiche existieren, in denen die überwiegende Anzahl der Messwerte oberhalb der berechneten Regressionsfunktion liegen. Das führt dazu, dass eine große Anzahl aufeinanderfolgender Residuen positiv sind.

Vorgehensweise: Es wird der Zentralwert der Residuen berechnet. Anschließend wird ausgezählt, wie viele Bereiche mit folgenden Eigenschaften vorhanden sind:
1. die aufeinanderfolgenden Residuen sind kleiner oder gleich dem Zentralwert
2. die aufeinanderfolgenden Residuen sind größer als der Zentralwert .

Solche zusammenhängenden Bereiche, mit aufeinanderfolgenden gleichgerichteten Abweichungen vom Zentralwert, werden auch **Run** genannt. Bei der Residualanalyse ist die Vorgehensweise anders als bei der Messreihenanalyse. Es werden die Abweichungen zwischen Zielgröße y und den berechneten Werten gebildet und über den Werten y_i aufgetragen, d.h. die Reihenfolge der aufgetragenen Werte ist hier nicht von der Eingabereihenfolge, sondern von der Reihenfolge der y_i-Werte abhängig. Das folgende Beispiel verdeutlicht diesen Zusammenhang.

Beispiel 45: Test auf Zufälligkeit bei der Regressionsrechnung

Datei: Stqm0160 Test auf Zufälligkeit-Reg.mdd

i	1	2	3	4	5	6	7	8	9
y_i	1	2	3,5	3	4	5	4,5	6	6,5
x_i	1	2	3	4	5	6	7	8	9

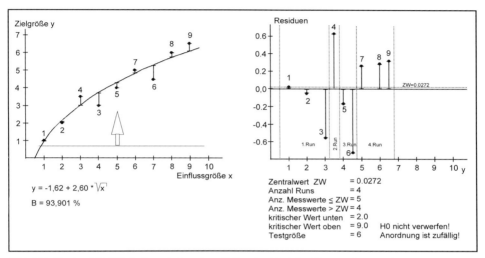

$$y = -1{,}62 + 2{,}60 * \sqrt{x}$$

B = 93,901 %

Zentralwert ZW = 0.0272
Anzahl Runs = 4
Anz. Messwerte ≤ ZW = 5
Anz. Messwerte > ZW = 4
kritischer Wert unten = 2.0
kritischer Wert oben = 9.0 H0 nicht verwerfen!
Testgröße = 6 Anordnung ist zufällig!

Bild 121: Test auf Zufälligkeit nach Swed und Eisenhart bei der Regressionsanalyse

Damit wird sichergestellt, dass der Test auf Zufälligkeit für ein gegebenes Datenmaterial – unabhängig von der Eingabereihenfolge – immer dasselbe Ergebnis liefert.

Im folgenden Bild sehen Sie drei Fälle, die den Test auf Zufälligkeit nicht bestanden haben.

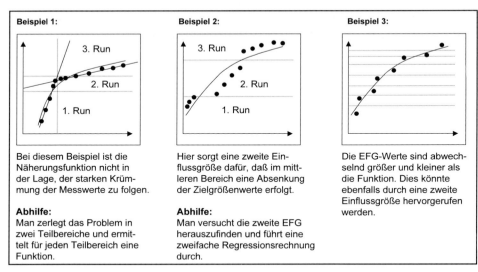

Beispiel 1:

3. Run

2. Run

1. Run

Bei diesem Beispiel ist die Näherungsfunktion nicht in der Lage, der starken Krümmung der Messwerte zu folgen.

Abhilfe:
Man zerlegt das Problem in zwei Teilbereiche und ermittelt für jeden Teilbereich eine Funktion.

Beispiel 2:

3. Run

2. Run

1. Run

Hier sorgt eine zweite Einflussgröße dafür, daß im mittleren Bereich eine Absenkung der Zielgrößenwerte erfolgt.

Abhilfe:
Man versucht die zweite EFG herauszufinden und führt eine zweifache Regressionsrechnung durch.

Beispiel 3:

Die EFG-Werte sind abwechselnd größer und kleiner als die Funktion. Dies könnte ebenfalls durch eine zweite Einflussgröße hervorgerufen werden.

Bild 122: Beispiele für den Test auf Zufälligkeit bei der Regressionsanalyse

7.6.3 Test auf Normalverteilung bei der Regressionsrechnung

Dieser Test gibt Auskunft darüber, ob die Mehrzahl der Messwerte nahe bei der berechneten Regressionsfunktion liegt. Das bedeutet, dass die meisten Abweichungen (Residuen) gering sind und nur wenige Messwerte weiter entfernt liegen dürfen. Diese Bedingung ist dann erfüllt, wenn die Abweichungen normalverteilt sind. In der folgenden Darstellung wird die Verteilung der Residuen einer Regressionsanalyse der Gaußschen Normalverteilung gegenübergestellt.

Beispiel 46: Test auf Normalverteilung bei der Regressionsanalyse	Datei: Stqm0170 Test auf Normalvert-Reg.mdd

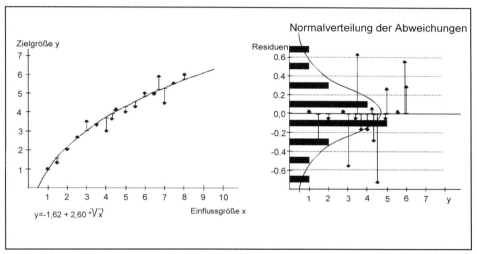

Bild 123: Verteilung der Residuen einer Regressionsanalyse

Nun muss überprüft werden, ob die Abweichungen einer Normalverteilung entsprechen. In Abhängigkeit vom Stichprobenumfang kommen zwei Testverfahren zum Einsatz.

Anpassungstest nach Kolmogoroff und Smirnow   (Stichprobenumfang n < 50)
Chi-Quadrat-Anpassungstest   (Stichprobenumfang n > 50)

Die Testverfahren sind identisch mit denen, die bei der Messreihenanalyse angewendet werden.

7.6.4 Test auf Ausreißer bei der Regressionsrechnung

Weichen bei einer Regressionsanalyse einzelne Werte stark von den übrigen Werten ab und lassen sich diese nicht durch Mess-, Rechen- oder Eingabefehler erklären, so ist zu überprüfen, ob diese Werte überhaupt zur Stichprobe gehören oder ob sie Ausreißer sind. Ausreißer wird man in der Regel bei der Datenauswertung unberücksichtigt lassen, um die Ergebnisse nicht zu verfälschen.

Das Testverfahren entspricht dem der Messreihenanalyse.

7.6.5 Weitere Testverfahren bei der Regressionsrechnung

Bei Regressionsrechnung kommen noch weitere Testverfahren zum Einsatz, die wir hier nur kurz erwähnen wollen.

Test des Bestimmtheitsmaßes
Bei diesem Test wird überprüft, ob das Bestimmtheitsmaß B wesentlich von 0 verschieden ist oder nicht.

Test der Regressionskoeffizienten
Bei diesen Tests wird überprüft, ob die Regressionskoeffizienten und das konstante Glied der Gleichung wesentlich von Null verschieden sind oder nicht.

Test auf Reduktion von Einflussgrößen
Liegt mehr als eine Einflussgröße vor, so wird mit diesem Test überprüft ob alle Einflussgrößen wesentlich (signifikant) sind. Ist dies nicht der Fall, so kann die entsprechende Einflussgröße weggelassen werden.

7.6.6 Vorgehensweise bei der Beurteilung

Es ist zweckmäßig, bei der Beurteilung von Regressionsfunktionen nach einem bestimmten Schema vorzugehen. Die unten aufgeführte Beurteilungstabelle stellt einen Vorschlag dar. Selbstverständlich muss in der Praxis jeder selbst entscheiden wie die verschiedenen Beurteilungskriterien zu gewichten sind.

1. Regressionsrechnung durchführen	Bewertung	Punktzahl	Maßnahmen
Sind Bestimmtheitsmaß und multiple Korrelation in Ordnung?	0-10	0	
Sind die Grafiken der Einflussgrößen zufriedenstellend?	0-10	0	
Ist die Korrelationsmatrix in Ordnung?	0-10	0	
Wird der Test auf Reduktion von EFG bestanden	bestanden = 5 Pkt.	0	Reduktion durchführen
2. Residualanalyse durchführen			
Wie gut stimmen Messung und Rechnung überein?	0-10	0	
Gibt es einzelne Werte die relativ stark voneinander abweichen?	nein = 5 Pkt.	0	Werte ausblenden
Wurde der Test auf Ausreißer bestanden?	bestanden = 5 Pkt.	0	Werte ausblenden
Sind die Kennzahlen der Residualanalyse in Ordnung?	0-10	0	
Sind die Grafiken der Residualanalyse zufriedenstellend?	0-10	0	
Gesamtpunktzahl		0	
Bewertung:			
>70 - 75 Punkte	sehr gut	genügt höchsten Ansprüchen	
>60 - 70 Punkte	gut	genügt hohen Ansprüchen	
>50 - 60 Punkte	befriedigend	nur zur groben Kalkulation verwenden	
>40 - 50 Punkte	unzureichend	mit Einschränkungen verwendbar	
>30 - 40 Punkte	mangelhaft	nicht verwendbar	
0 - 30 Punkte	sehr mangelhaft	nicht verwendbar	

Bild 124: Vorschlag für die schematische Bewertung von Regressionsfunktionen

7.6.7 Berücksichtigung der Anzahl Messpunkte

Bei der Beurteilung statistischer Kenngrößen und Formeln ist die Anzahl der Werte, der sog. Stichprobenumfang, von entscheidender Bedeutung. Der Mittelwert, gebildet aus einem, zwei oder drei Werten, sagt nicht viel aus, denn diese wenigen Werte können durch Zufall stark von dem wahren Wert der Grundgesamtheit abweichen. Erst bei einer hinreichenden Wertezahl kann eine abgesicherte statistische Aussage gemacht werden. Dies gilt in gleicher Weise für die Regressionsanalyse. Lässt man z.B. bei der Regression mit einer Einflussgröße nur drei Messpunkte zu und bildet die Wertepaare mittels Zufallszahlen, so ist die Wahrscheinlichkeit sehr groß, dass ein sehr hohes Bestimmtheitsmaß zustandekommt, insbesondere wenn man unterschiedliche Transformationen bei der nichtlinearen Regression zulässt.

30 Versuche mit 3 Wertepaaren und 15 zugelassenen Transformationen ergaben die Werte in Bild 125. Man erkennt, dass von den 30 Versuchen 15 (ca. 50%) mit einem Bestimmtheitsmaß von über 80% abgeschnitten haben. Dieser hohe Anteil zufälliger sehr guter Anpassungen lässt darauf schließen, dass bei drei Wertepaaren zufällige Übereinstimmungen nicht vermieden werden können.

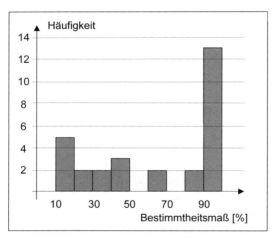

Bild 125: 30 Regressionen mit 3 zufälligen Wertepaaren

Führen wir die Versuche mit 10 Wertepaaren durch, so erhält man die Darstellung nach Bild 126. Hier lagen nur 3 von 30 Versuchen (10%) bei einem Bestimmtheitsmaß von über 50%. Man kann also sagen, dass ab einer Messpunktzahl von ca. 10 zufällige Übereinstimmungen weitgehend vermieden werden können.

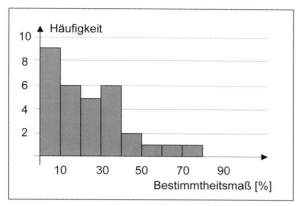

Bild 126: 30 Regressionen mit 10 zufälligen Wertepaaren

Verwendet man zwei Einflussgrößen, wird der beschriebene Effekt nochmal verstärkt, denn wenn die erste EFG nicht übereinstimmt, kann immer noch die zweite eine zufällige Übereinstimmung herbeiführen. Versuche haben gezeigt, dass bei zwei Einflussgrößen die Mindestanzahl zur Vermeidung zufälliger Übereinstimmungen bei ca. 15 liegt.

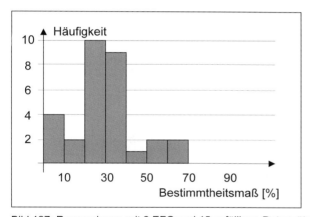

Bild 127: Regressionen mit 2 EFG und 15 zufälligen Datensätzen

Dieser Effekt setzt sich bei der Hinzunahme weiterer Einflussgrößen fort. Aufgrund durchgeführter Versuche mit bis zu 10 Einflussgrößen kann man sagen, dass für jede weitere Einflussgröße 5 zusätzliche Datensätze erforderlich sind. Als Faustformel für die Mindestanzahl der Datensätze kann damit Folgendes gelten:

$$n_{min} = 5 \cdot EFG + 5 \qquad \text{mit } EFG: \text{ Anzahl der Einflussgrößen}$$

Die Betrachtungen zur Anzahl notwendiger Datensätze gilt nur, wenn über den Datenbestand keinerlei weitere Informationen vorhanden sind. Sind z.B. die physikalischen Bedingungen bekannt, unter denen die Werte zustande gekommen sind, so kann im Einzelfall von der Regel abgewichen werden. Hierzu ein Beispiel:

Beispiel 47: Schweißen von I-Nähten	Datei: Stqm0173 Schweißen I-Naht.mdd

Beim Elektroden-Schweißen von I-Nähten wurden die Hauptzeiten und die zugehörigen Schweißlängen bei einer konstanten Blechdicke von 3 mm gemessen. Die Regressionsanalyse liefert folgende lineare Funktion:

$$\text{Zeit} = 41{,}95 + 0{,}75 \cdot \text{Länge}$$
Bestimmtheitsmaß B=99,78%

Hauptzeit [HM]	Schweißlänge [mm]
122	123
242	275
423	490
711	863
1005	1307

Das Ergebnis der Regressionsrechnung zeigt folgendes Bild.

Da bekannt ist, dass beim Schweißen mit einer relativ konstanten Vorschubgeschwindigkeit gearbeitet wird, kann hier auf weitere Messungen verzichtet werden.

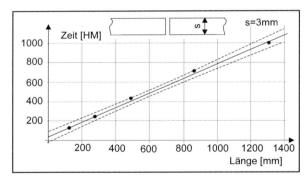

Bild 128: Schweißzeit in Abhängigkeit von der Schweißlänge

7.6.8 Vermeidbare Fehler beim Einsatz der Regressionsanalyse

In diesem Abschnitt möchten wir beispielhaft auf einige der möglichen Fehlerquellen beim Einsatz der Regressionsanalyse eingehen.

Beispiel 48: Häufung von Daten mit Extremwerten   Datei: Stqm0174 Häufung von Daten.mdd

Liegen die Datensätze der Stichprobe relativ gehäuft vor und liegen nur einige wenige Messwerte relativ weit von dieser Häufung entfernt, so beeinflussen diese Extremwerte das Gesamtergebnis der Regressionsrechnung überproportional. In Bild 129 sehen wir eine derartige Häufung mit zwei Extremwerten. Wenn diese beiden Werte entfernt werden, geht das Bestimmtheitsmaß auf 0,6% zurück. Um zu einer gültigen Formel zu kommen, müssen noch erheblich mehr Werte im Bereich zwischen x=100 bis x=500 erfasst werden.

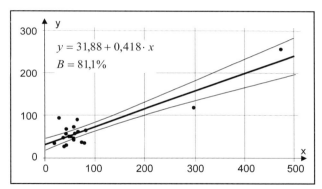

$$y = 31,88 + 0,418 \cdot x$$
$$B = 81,1\%$$

Bild 129: Häufung mit Extremwerten

Beispiel 49: Zwei Häufungen von Daten   Datei: Stqm0175 zwei Häufungen.mdd

Liegen zwei Häufungen vor, so ist es möglich mehrere, etwa gleichwertige Funktionen durch die Datenbereiche zu legen. In dem Bereich zwischen den Häufungen ist die Funktion also unbestimmt. Abhilfe kann man schaffen, indem man versucht, Werte zu finden, die in dem Zwischenbereich liegen.

Weiterhin kann die korrekte Transformation immer dann eingestellt werden, wenn es möglich ist, den physikalischen Zusammenhang zwischen Einfluss- und Zielgröße zu ermitteln.

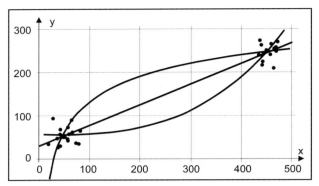

Bild 130: Funktion mit undefiniertem Zwischenbereich

7.6.9 Beispiele zur Beurteilung von Regressionsfunktionen

Die folgenden Beispiele wurden mit Hilfe der Statistiksoftware REGRESSA erstellt.

Beispiel 50: Papier schneiden   Datei: Stqm0180 Papier schneiden.mdd

Die Arbeitsaufgabe besteht darin, ein Stück Papier nach Zeichnung mit der Schere zu schneiden. Als Einflussgrößen haben wir hier die Anzahl der Schnittkanten und die jeweilige Gesamtschnittlänge gewählt.

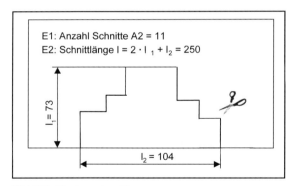

Bild 131: Papier schneiden

Es wurden insgesamt 22 Zeitaufnahmen durchgeführt, in denen abgesicherte Durchschnittswerte bei unterschiedlichen Einflussgrößen ermittelt wurden:

Nr	Y	E 1	E 2	Nr	Y	E 1	E 2
	Zeit	Anz.Schnitte	Länge		Zeit	Anz.Schnitte	Länge
	HM		mm		HM		mm
1	58,720	15,000	325,000	12	28,200	8,000	280,000
2	47,823	12,000	80,000	13	21,083	5,000	270,000
3	26,930	7,000	350,000	14	9,000	3,000	50,000
4	10,400	3,000	150,000	15	29,640	7,000	370,000
5	29,640	7,000	370,000	16	31,400	9,000	220,000
6	10,400	3,000	150,000	17	50,459	13,000	240,000
7	10,300	3,000	120,000	18	50,459	13,000	240,000
8	14,750	4,000	90,000	19	55,432	13,000	240,000
9	19,720	10,000	400,000	20	71,500	16,000	150,000
10	39,620	10,000	400,000	21	57,093	15,000	60,000
11	43,543	11,000	250,000	▶	28,931	7,000	300,000

Bild 132: Messstichprobe für den Vorgang „Papier schneiden"

Die durchgeführte Regressionsrechnung liefert folgendes Ergebnis:

$$\text{Zeit} = -1{,}26 + 4{,}15 \cdot E_1 - 2{,}0703 \cdot 10^{-10} \cdot E_2^4$$

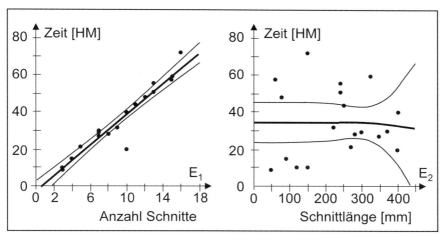

Bild 133: Grafische Darstellung der Einflussgrößen

Wie man sieht, haben wir bei der Schnittlänge (rechtes Diagramm) eine Unordnung. Dies lässt darauf schließen, dass diese Einflussgröße nicht signifikant ist.

Im folgenden Bild wird die Korrelationsmatrix gezeigt. Sie gibt an wie groß die Korrelationen zwischen Zeit und E_1, Zeit und E_2 und zwischen den Einflussgrößen untereinander sind. Bei mehrfacher Regression sollen die Einflussgrößen zur Zielgröße hoch korreliert und die Einflussgrößen untereinander gering korreliert sein. In unserem Beispiel ist die Zielgröße nur gering von der zweiten Einflussgröße abhängig. Führen wir den Test auf Reduktion von Einflussgrößen durch, wird E_2 folgerichtig als nicht wesentlich ausgegeben. Nach durchgeführter Reduktion erhalten wir folgendes Bild.

Korrelationsmatrix		
	E_1	E_2
Zeit	0,963	-0,043
E_1		0,054

Bild 134: Korrelation zwischen
Ziel- und Einflussgrößen

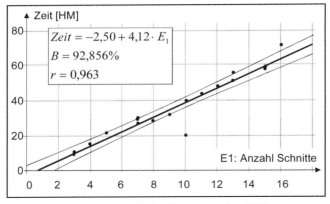

Bild 135: Regression nach Reduktion der zweiten EFG

Man sieht bereits, dass *ein* Messwert besonders stark von der Funktion abweicht. Außerdem ist der Vertrauensbereich so groß, dass nur wenige Werte außerhalb liegen.

Wir führen nun die Residualanalyse durch:

	Residualanalyse			

i	Messung	Rechnung	Residuen	
	[HM]	[HM]	[HM]	[%]
1	58,720	59,361	-0,641	-1,092
2	47,823	46,988	0,835	1,746
3	26,930	26,367	0,563	2,091
4	10,400	9,870	0,530	5,098
5	29,640	26,367	3,273	11,043
6	10,400	9,870	0,530	5,098
7	10,300	9,870	0,430	4,177
8	14,750	13,994	0,756	5,125
9	19,720	38,740	-19,020	-96,449
10	39,620	38,740	0,880	2,222
11	43,543	42,864	0,679	1,559
12	28,200	30,491	-2,291	-8,125
13	21,083	18,118	2,965	14,062
14	9,000	9,870	-0,870	-9,665
15	29,640	26,367	3,273	11,043
16	31,400	34,615	-3,215	-10,240
17	50,459	51,113	-0,654	-1,295
18	50,459	51,113	-0,654	-1,295
19	55,432	51,113	4,319	7,792
20	71,500	63,485	8,015	11,209
21	57,093	59,361	-2,268	-3,973
22	28,931	26,367	2,564	8,862

Bild 136: Residualanalyse

Wir sehen, dass Messung und Rechnung insgesamt recht gut übereinstimmen. Die durchschnittliche Abweichung, bezogen auf den Messwert, beträgt nur ca. 10%. Auffällig ist der 9. Wert, der eine besonders große Abweichung aufweist. Der Test auf Ausreißer liefert folgendes Ergebnis:

Test auf Ausreißer	(David, Hartlay, Pearson)
Prüfgröße $z = 5,499$	$z > Z$ ⟶ Xmin ist ein Außreißer
Kritischer Wert $Z = 4,490$	

Wir schauen in der zugehörigen Zeitaufnahme nach und stellen fest, dass der Einflussgrößenwert irrtümlich falsch eingetragen wurde. Statt 10 Schnitten sind dort lediglich 5 Schnitte aufgetreten.

Nach durchgeführter Korrektur erhalten wir folgendes Bild:

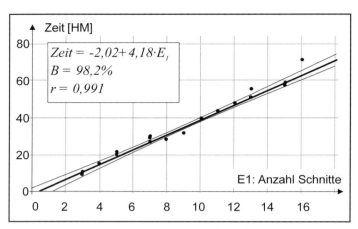

Bild 137: Regression nach durchgeführter Korrektur

Wir sehen, dass durch die Änderung das Bestimmtheitsmaß von 93% auf 98% gestiegen ist.

Die Grafik zeigt einen sehr engen Vertrauensbereich, bei dem etwa die Hälfte der Werte innerhalb und die andere Hälfte außerhalb liegt.

In der Residualanalyse stimmen nun Messung und Rechnung in allen Fällen gut überein. Die durchschnittliche Abweichung bezogen auf den Messwert beträgt jetzt nur noch ca. 5% und der Test auf Ausreißer wird bestanden.

Betrachten wir die Kennzahlen, so sehen wir, dass die Standardabweichung der Residuen bei 2,5 liegt, das heißt, dass im Mittel die Rechenwerte um diesen Betrag von den Messwerten abweichen. Spannweite und Varianz befinden sich ebenfalls in engen Grenzen. Durch Anwendung der Regressionsrechnung wurde der ε-Wert, der bei der Messreihenanalyse 24% betragen hat, auf 3,2% reduziert.

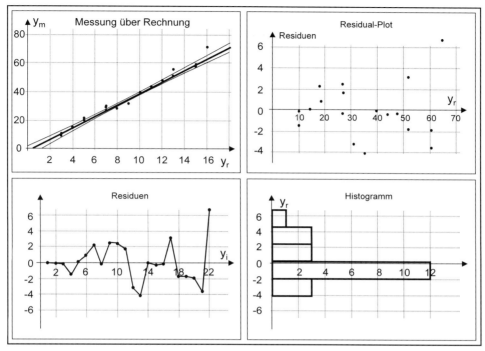

Bild 138: Grafische Darstellung der Residuen

Aufgrund dieser Ergebnisse kommen wir zu dem abschließenden Urteil, dass die gefundene Funktion eine sehr gute Anpassung an die Messwerte liefert.

Beispiel 51: Brennschneiden   Datei: Stqm0190 Brennschneiden.mdd

Beim Brennschneiden von Baustahl wurden die Zeiten (n=140) bei verschiedenen Materialdicken (x_1, 5 - 50 mm) und Schneidlängen (x_2, 250 - 4000 mm) gemessen. Die Regression liefert zunächst folgendes Ergebnis:

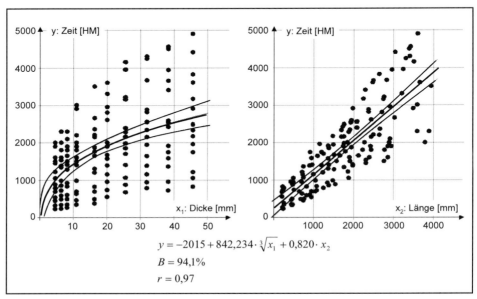

$$y = -2015 + 842,234 \cdot \sqrt[3]{x_1} + 0,820 \cdot x_2$$
$$B = 94,1\%$$
$$r = 0,97$$

Bild 139: Zusammenhang zwischen Zeit und den EFG Dicke und Länge beim Brennschneiden

Auf den ersten Blick erscheint das Ergebnis mit einem Bestimmtheitsmaß von 94,1% recht positiv. In den Einzelgrafiken kann man gut erkennen, dass die Streuungen durch die jeweils andere Einflussgröße verursacht werden.

Korrelationsmatrix		
	x_1	x_2
y	0,5097	0,8307
x_1		0,0105

Die Korrelationsmatrix zeigt, dass x_1 (Dicke) und noch stärker x_2 (Länge) mit der Zielgröße korrelieren, die Einflussgrößen untereinander jedoch nicht. Der Test auf Reduktion besagt, dass beide Einflussgrößen wesentlich sind.

Die Residualanalyse zeigt allerdings, dass in einigen Fällen erhebliche Abweichungen auftreten und sogar negative Zeitwerte berechnet werden.

Ausgabe der Residuen				
Nr.	Messung	Rechnung	Residuen	Res. [%]
			absolut	Messung
1	220	-359	579	263
15	230	-208	438	190
2	320	-161	481	150
29	260	-74	334	128
16	330	19	311	94
3	440	88	352	80
30	340	128	212	62
43	340	136	204	60
17	480	205	275	57
4	530	271	259	49
44	460	307	153	33

Bild 140: Residualanalyse für das Brennschneiden

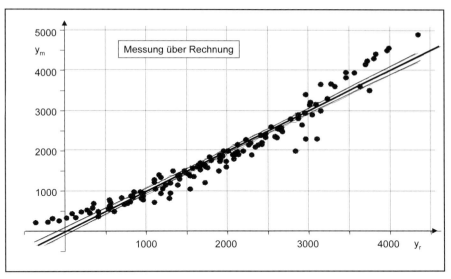

Bild 141: Grafische Gegenüberstellung Messung - Rechnung

Das bisherige Ergebnis ist also trotz eines hohen Bestimmtheitsmaßes unbrauchbar. Um aber dennoch ein zufriedenstellendes Ergebnis zu erhalten, stellen wir folgende Überlegungen an:

Es wurden insgesamt folgende 10 Blechdicken erfasst [mm]:
5, 7, 9, 12, 18, 22, 28, 35, 42, 50

Für jede Blechdicke wurden 14 verschiedene Längen erfasst.

Wir können für jede Blechdicke eine Einzelregression durchführen und die Ergebnisse auflisten:

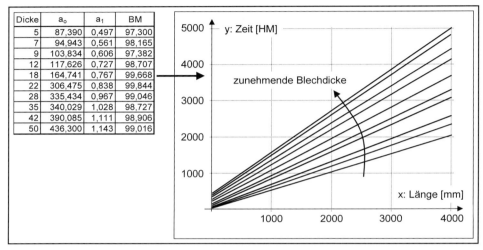

Dicke	a_0	a_1	BM
5	87,390	0,497	97,300
7	94,943	0,561	98,165
9	103,834	0,606	97,382
12	117,626	0,727	98,707
18	164,741	0,767	99,668
22	306,475	0,838	99,844
28	335,434	0,967	99,046
35	340,029	1,028	98,727
42	390,085	1,111	98,906
50	436,300	1,143	99,016

Bild 142: Berechnung und grafische Darstellung der Einzelregressionen je Dicke

Mit zunehmender Blechdicke wird der konstante Anteil a_0 und die Steigung a_1 der Geraden größer. Die Blechdicke ist also eine Einflussgröße bezogen auf die jeweiligen Zielgrößen a_0 und a_1. Der Zusammenhang zwischen Blechdicke und a_0, bzw. a_1 wird mit Hilfe der Regression ermittelt (Datei: Stqm0191 Brennschneiden), es ergeben sich folgende Zusammenhänge:

$$a_0 = -119{,}83 + 79{,}38 \cdot \sqrt{\text{Dicke}} \qquad B = 95{,}3\,\%$$

$$a_1 = -0{,}0847 + 0{,}338 \cdot \sqrt[3]{\text{Dicke}} \qquad B = 99{,}0\,\%$$

Im Programm REGRESSA ist es möglich, die Zielgröße und jede Einflussgröße mit Hilfe von beliebigen mathematischen Formeln umzurechnen. Diese Umrechnung wird hier Vorabtransformation genannt. Wir können z.B. eine Einflussgröße E3 mit der folgenden Formel belegen:

E3= -119.83+79.38·E1^0.5+(-0.0847+0.338·E1^(1/3)) E2

Wir erhalten damit einen neue Einflussgröße E3, die von den beiden ursprünglichen Einflussgrößen E1 und E2 abhängt. Führen wir nun mit dieser neuen Einflussgröße eine Regressionsrechnung durch, erhalten wir folgendes Ergebnis:

$$y = \underbrace{-119,83 + 79,38 \cdot \sqrt{E1}}_{a_0} + \underbrace{(-0,0847 + 0,338 \cdot \sqrt[3]{E1})}_{a_1} \cdot E2$$

Dies ist eine Gerade unter 45°, die durch den Nullpunkt geht. Das Bestimmtheitsmaß liegt bei 99 % und die Korrelation bei 0,994.

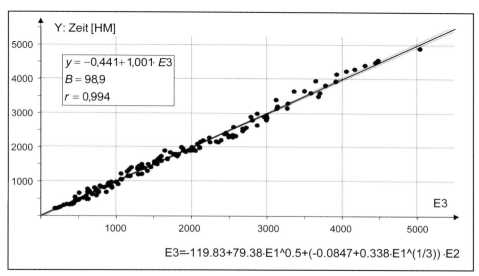

Bild 143: Regressionsrechnung mit entsprechender Vorabtransformation

Die grafische Darstellung zeigt nun eine wesentlich bessere Anpassung zwischen Messung und Rechnung. Der Mittelwert der Residuen bezogen auf die gemessenen Werte, liegt bei ca. 6%.

Beispiel 52: Einsatz von Funktionsreihen   Datei: Stqm0200 Polynom mit VT.mdd

Das folgende Beispiel soll zeigen, wie durch den Einsatz von Funktionsreihen eine deutlich bessere Annäherung erreicht werden kann. Die normale Regressionsrechnung liefert folgendes Ergebnis:

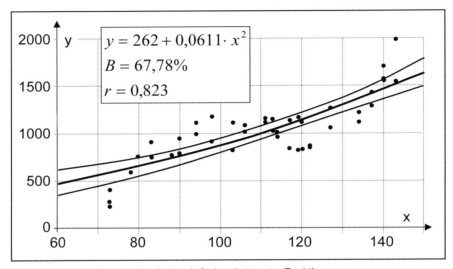

Bild 144: Normale Regression bei mehrfach gekrümmter Funktion

Man kann sofort erkennen, dass eine mehrfach gekrümmte Funktion eine bessere Annäherung liefern würde. Eine derartige Funktion wird häufig gebildet aus der Addition mehrerer Einzelfunktionen. Sie wird deshalb Funktionsreihe genannt.

$$y = f_{0(x)} + f_{1(x)} + f_{2(x)} + \ldots = \sum_{i=0}^{n} f_{i(x)}$$

Sind die einzelnen Glieder der Funktionsreihe Potenzen von x, so handelt es sich um ein Polynom n-ten Grades der Form:

$$y = a_0 x^0 + a_1 x^1 + a_2 x^2 + a_3 x^3 + \ldots + a_n x^n = \sum_{i=0}^{n} a_i x^i$$

Daraus kann man ersehen, dass eine einfache quadratische Funktion nicht in der Lage ist, eine optimale Anpassung zu liefern. Erst wenn die Einflussgröße mehrfach mit unterschiedlichen Exponenten in die Gleichung eingeht, ist eine gute Anpassung möglich.

Will man erreichen, dass eine Einflussgröße mehrfach eingehen soll, werden die Vorabtransformationen in REGRESSA wie nachfolgt eingestellt:

	Vorabtransformationen
Y	Y
X1	E1
X2	E1
X3	E1
X4	E1

Wir gehen davon aus, dass es ausreicht, die Einflussgröße viermal in die Berechnung eingehen zu lassen. Da das Programm automatisch die verschiedenen Transformationen errechnet, brauchen wir uns um die Exponenten nicht zu kümmern. Die Regressionsrechnung liefert folgendes Ergebnis:

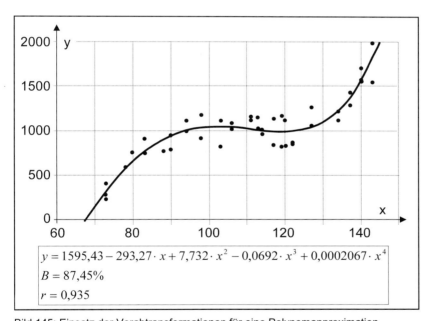

$$y = 1595,43 - 293,27 \cdot x + 7,732 \cdot x^2 - 0,0692 \cdot x^3 + 0,0002067 \cdot x^4$$
$$B = 87,45\%$$
$$r = 0,935$$

Bild 145: Einsatz der Vorabtransformationen für eine Polynomapproximation

Bei der Regressionsrechnung werden diejenigen Messpunkte markiert, die außerhalb des Vertrauensbereichs liegen. Die Bedeutung dieser Vorgehensweise
wollen wir im Folgenden kurz verdeutlichen.

y	x	y	x	y	x	y	x	y	x	y	x	y	x
13,73	1	4,30	3	13,83	5	13,20	4	13,30	4	13,85	6	15,59	8
15,50	10	15,60	7	15,61	9	16,18	8	13,42	5	13,80	4	13,88	4
15,16	6	15,35	10	13,90	6	14,17	3	15,51	9	16,00	8	13,50	5
15,06	4	15,30	8	13,20	1	14,80	7	14,11	6	14,00	3	15,20	9
15,40	8	24,24	2	16,71	10	16,44	10	13,05	1	14,30	7	14,08	6
15,00	3	13,53	4	15,04	6	15,70	8	16,10	10	15,30	10	23,00	8

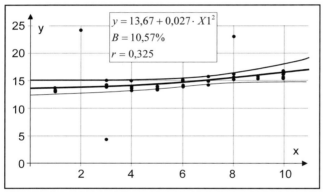

$$y = 13,67 + 0,027 \cdot X1^2$$
$$B = 10,57\%$$
$$r = 0,325$$

Bild 146: Geringe Anzahl von Messpunkten außerhalb des Vertrauensbereichs

Wir sehen, dass nur wenige Messpunkte außerhalb des Vertrauensbereichs liegen. Da diese Werte relativ stark abweichen, wird der Vertrauensbereich so stark
erweitert, dass alle restlichen Werte innerhalb der VB-Grenzen liegen. Blenden
wir die 3 Werte aus, sehen wir, dass der Vertrauensbereich enger wird und nun
eine große Anzahl von Messpunkten außerhalb liegt.

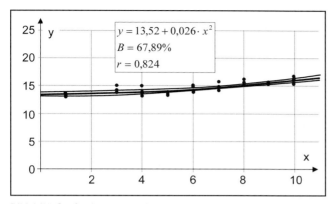

$$y = 13,52 + 0,026 \cdot x^2$$
$$B = 67,89\%$$
$$r = 0,824$$

Bild 147: Große Anzahl von MP außerhalb des engen Vertrauensbereichs

Hieraus können wir die Schlussfolgerung ziehen, dass es kein Nachteil ist, wenn viele Werte außerhalb des Vertrauensbereichs liegen.

Beispiel 54: Hinzunahme von signifikanter EFG   Datei: Stqm0220 Gewicht von Menschen.mdd

Das Gewicht eines Menschen hängt u.a. von seiner Größe ab. Im folgenden Beispiel haben wir Gewicht und Größe von 40 Personen gemessen:

Gewicht [kg]	Größe [cm]	Gewicht [kg]	Größe [cm]	Gewicht [kg]	Größe [cm]	Gewicht [kg]	Größe [cm]
75	175	79	178	66	168	62	167
73	175	86	185	45	160	51	161
74	184	64	180	47	157	62	172
82	180	70	175	61	158	50	156
77	173	64	173	57	163	63	162
70	173	91	180	57	168	56	168
88	184	84	185	69	170	72	160
68	179	81	170	76	163	60	156
60	168	72	178	54	158	81	164
82	183	67	166	61	166	65	173

Die lineare Regression liefert das folgende Bild:

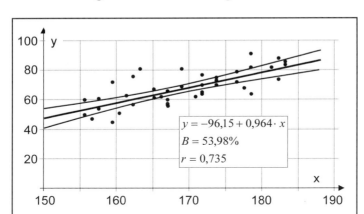

Bild 148: Gewicht in Abhängigkeit von der Körpergröße

Im Wesentlichen wird hier die bekannte Faustformel – Gewicht=Größe-100 – bestätigt. Das Ergebnis weist jedoch immer noch eine starke Reststreuung auf. Wir überlegen nun, ob wir das Ergebnis durch Hinzunahme des Körperumfangs als weitere Einflussgröße verbessern können.

Gew.	Größe	Umf.	Gew.	Größe	Umf.	Gew.	Größe	Umf.	Gew.	Größe	Umf.
[kg]	[cm]	[cm]	[kg]	[cm]	[cm]	[kg]	[cm]	[cm]	[kg]	[cm]	[cm]
75	175	75	79	178	80	66	168	64	62	167	57
73	175	71	86	185	87	45	160	34	51	161	43
74	184	65	64	180	51	47	157	39	62	172	53
82	180	84	70	175	65	61	158	64	50	156	45
77	173	81	64	173	56	57	163	52	63	162	64
70	173	67	91	180	104	57	168	48	56	168	46
88	184	92	84	185	83	69	170	68	72	160	86
68	179	59	81	170	94	76	163	92	60	156	64
60	168	53	72	178	66	54	158	50	81	164	103
82	183	81	67	166	68	61	166	56	65	173	58

Die 2-fache lineare Regression liefert das folgende Bild:

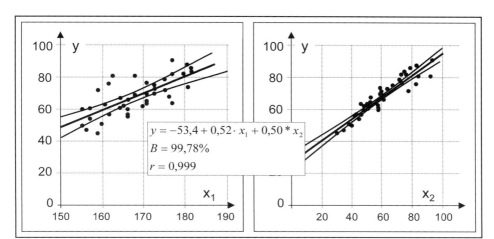

Bild 149: Abhängigkeit des menschlichen Gewichts von Größe und Umfang

In den Einzeldarstellungen treten erhebliche Streuungen auf, jedoch deutet das hohe multiple Bestimmtheitsmaß auf eine sehr gute Anpassung hin. Um diese Vermutung zu bestätigen, führen wir die Residualanalyse durch:

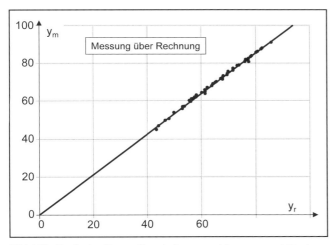

Bild 150: Grafische Gegenüberstellung von Messung und Rechnung

Wir sehen, dass bei der grafischen Gegenüberstellung der gemessenen und gerechneten Werte kaum noch Abweichungen auftreten. Es war also möglich, durch die Hinzunahme einer signifikanten Einflussgröße die Genauigkeit der Anpassung erheblich zu verbessern.

Beispiel 55: Hinzunahme von nicht signifikanter EFG   Datei: Stqm0210 MP außerhalb VP.mdd

Im vorherigen Beispiel haben wir gezeigt, dass es möglich ist, durch Hinzunahme einer signifikanten Einflussgröße eine verbesserte Anpassung zu erreichen. Es stellt sich hier natürlich die Frage, ob durch eine weitere nicht signifikante Einflussgröße das bisher erreichte Ergebnis negativ beeinflusst werden kann. Wir verwenden wieder die Daten aus Beispiel 53 ohne die drei Ausreißer. Als zusätzliche Einflussgröße wählen wir Zufallszahlen zwischen 0 und 1000 und führen die Regressionsrechnung erneut durch:

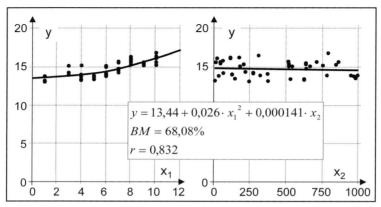

$$y = 13,44 + 0,026 \cdot x_1^2 + 0,000141 \cdot x_2$$
$$BM = 68,08\%$$
$$r = 0,832$$

Bild 151: Zusätzliche nicht signifikante Einflussgröße

In den Einzeldarstellungen sehen wir, dass die zweite Einflussgröße keinerlei Zielgrößenveränderung hervorruft. Die Formel wird lediglich um einen Term, der nahe bei Null liegt, erweitert. Das Bestimmtheitsmaß nimmt unwesentlich zu.

Es gilt also:

Durch die Hinzunahme einer unwesentlichen Einflussgröße kann ein einmal erreichtes Ergebnis nicht verschlechtert werden. Jede zusätzliche Einflussgröße führt also zu einer Verbesserung der Anpassung oder zumindest zu einem gleichbleibendem Ergebnis.

Bei der Bearbeitung rechteckiger Flächen liegen immer die gleichen grundlegenden Arbeitsbedingungen vor: Es wird mit einem geeigneten Werkzeug, z.B. mit einem Pinsel, die Fläche bahnenweise bearbeitet, wobei die Breite einer Bahn durch die Werkzeugbreite bestimmt wird. Dabei kann die Arbeitsrichtung hin- und hergehend (z.B. Pendelfräsen) oder gleichbleibend (z.B. Hobeln) sein.
In unserem Beispiel liegen folgende Messwerte vor:

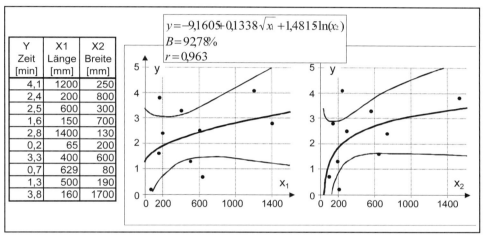

Y Zeit [min]	X1 Länge [mm]	X2 Breite [mm]
4,1	1200	250
2,4	200	800
2,5	600	300
1,6	150	700
2,8	1400	130
0,2	65	200
3,3	400	600
0,7	629	80
1,3	500	190
3,8	160	1700

$$y = -9,1605 + 0,1338\sqrt{x_1} + 1,4815\ln(x_2)$$
$$B = 92,78\%$$
$$r = 0,963$$

Bild 152: Flächenbearbeitung mit den Einflussgrößen Länge und Breite

Die Residualanalyse liefert folgendes Bild:

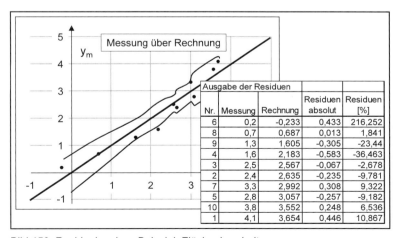

Ausgabe der Residuen

Nr.	Messung	Rechnung	Residuen absolut	Residuen [%]
6	0,2	-0,233	0,433	216,252
8	0,7	0,687	0,013	1,841
9	1,3	1,605	-0,305	-23,44
4	1,6	2,183	-0,583	-36,463
3	2,5	2,567	-0,067	-2,678
2	2,4	2,635	-0,235	-9,781
7	3,3	2,992	0,308	9,322
5	2,8	3,057	-0,257	-9,182
10	3,8	3,552	0,248	6,536
1	4,1	3,654	0,446	10,867

Bild 153: Residualanalyse Beispiel: Flächenbearbeitung

Wir sehen zwar eine relativ gute Anpassung, aber in einem Fall wird eine negative Vorgabezeit berechnet. Aus diesem Grund ist das Ergebnis nicht brauchbar, weil bei bestimmten Kombinationen von Einflussgrößenwerten negative Zeiten auftreten können. Wir wollen nun untersuchen, woran das liegt.

Wählen wir als Einflussgrößen die beiden Abmessungen Länge und Breite, erhalten wir bei der Regression immer ein Ergebnis der folgenden Form:

$$y = a_0 + a_1 \cdot f_{(x_1)} + a_2 \cdot f_{(x_2)}$$

Die beiden Einflussgrößen werden also addiert, so dass die eigentliche Einflussgröße „Fläche" in der Formel überhaupt nicht auftritt. Die Fläche berechnet sich wie folgt:

$$A = x_1 \cdot x_2$$

Tatsächlich liegt also eine Einflussgröße vor, die sich aus der Multiplikation zweier Größen ergibt. Die Regressionsformel bekommt dann folgende Form:

$$y = a_0 + a_1 \cdot f_{(A)} = a_0 + a_1 \cdot f_{(x_1 \cdot x_2)}$$

Um dies zu erreichen, verwenden wir die Vorabtransformationen:

$$x_1 = e_1 \cdot e_2$$

Die Regression liefert jetzt ein akzeptables Ergebnis:

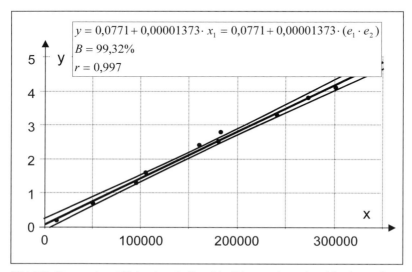

Bild 154: Regression „Flächenbearbeitung" bei Verwendung einer Vorabtransformation

7.7 Trendrechnung, Zeitreihenanalyse

Wenn man den zeitlichen Verlauf von Messgrößen erfasst, redet man von einer Zeitreihe. Häufig stellt sich hierbei die Frage, ob sich Entwicklungen aus der Vergangenheit auf die Zukunft übertragen lassen. Bei einer derartigen Prognose soll eine durchschnittliche, langfristige Entwicklung vorhergesagt werden, ohne dass zufällige Schwankungen der Vergangenheit diesen Trend beeinflussen. Häufig spielen auch saisonale Einflüsse eine Rolle, z.B. bei der Arbeitslosenstatistik.

Je nach Problemstellung kommen bei der Zeitreihenanalyse die unterschiedlichsten Verfahren zur Anwendung (vgl. Hartung / 1 /). An dieser Stelle wollen wir uns auf folgende Methoden beschränken:
- Methode der gleitenden Durchschnitte
- Trendextrapolation

7.7.1 Methode der gleitenden Durchschnitte

Bei dieser Methode werden Durchschnittswerte der n Messwerte als gleitender k-Durchschnitt für k = 3, 4, 5, ... gebildet. Dabei werden zwei Fälle unterschieden:

1. Fall: k = ungerade (3, 5, 7,...)

$$y_t^* = \frac{1}{k} \cdot \sum_{j=t-1}^{t+k-2} y_j$$

Die gleitenden Durchschnitte y_t^* berechnen sich hierbei wie folgt:

Der erste gleitende Durchschnittswert wird dabei für t = 0,5 k + 0,5 und der letzte für t = n - 0,5 k + 0,5 gebildet.

2. Fall: k = gerade (4, 6, 8,...)

$$y_t^* = \frac{1}{k} \cdot \left(\frac{1}{2} \cdot y_{t-k/2} + \sum_{j=t-k/2+1}^{t-k/2+k-1} y_j + \frac{1}{2} \cdot y_{t-k/2+k} \right)$$

Die gleitenden Durchschnitte y_t^* berechnen sich hierbei wie folgt:

Der erste gleitende Durchschnittswert wird dabei für t = 0,5 k + 1 und der letzte für t = n - 0,5 k gebildet.

Beispiel 57: Trend - gleitende Durchschnittswerte   Datei: Stqm0240 Trendrechnung.mdd

Beim Vertrieb eines Produktes wurden die verkauften Stückzahlen je Quartal erfasst. Für die Werte und die gleitenden Durchschnitte ergibt sich folgende Tabelle:

Zeit t 1/4 Jahr	Absatz [Stück]	Gleitender Durchschn. k = 3	Gleitender Durchschn. k = 5	Gleitender Durchschn. k = 4	Gleitender Durchschn. k = 6
1	290	---	---	---	---
2	322	312,00	---	---	---
3	324	315,33	309,20	311,50	---
4	300	311,33	318,80	316,00	318,17
5	310	316,00	322,40	320,00	321,42
6	338	329,33	319,80	323,38	319,75
7	340	329,67	322,80	325,38	323,67
8	311	322,00	332,00	328,25	332,50
9	315	327,33	336,40	333,00	335,50
10	356	343,67	333,20	337,13	333,83
11	360	346,67	337,80	341,13	339,25
12	324	339,33	351,20	346,75	351,08
13	334	346,67	357,20	353,25	356,33
14	382	367,33	354,80	359,50	355,08
15	386	372,00	360,60	364,88	360,75
16	348	362,33	373,60	369,38	373,00
17	353	366,67	378,40	374,00	377,25
18	399	386,00	373,40	378,13	---
19	406	388,67	---	---	---
20	361	---	---	---	---

Bild 155: Gleitende Durchschnitte für verkaufte Stück je Quartal

Der Wert für k=6 und t=4 berechnet sich demnach wie folgt:

$$y_4^* = \frac{1}{6} \cdot \left(\frac{1}{2} \cdot y_{4-6/2} + \sum_{j=4-6/2+1}^{4-6/2+6-1} y_j + \frac{1}{2} \cdot y_{4-6/2+6} \right) = \frac{1}{6} \cdot \left(\frac{1}{2} \cdot y_1 + \sum_{j=2}^{6} y_j + \frac{1}{2} \cdot y_7 \right) =$$

$$\frac{1}{6} \cdot \left(\frac{1}{2} \cdot y_1 + y_2 + y_3 + y_4 + y_5 + y_6 + \frac{1}{2} \cdot y_7 \right) = \frac{\frac{1}{2} \cdot 290 + 322 + 324 + 300 + 310 + 338 + \frac{1}{2} \cdot 340}{6} =$$

$$\frac{145 + 322 + 324 + 300 + 310 + 338 + 170}{6} = \frac{1974,5}{6} = 318,17$$

Ein Rechenschema zur Ermittlung der gleitenden Mittel befindet sich in der Datei Stqm0240 Gleitende Mittelwerte.xls.

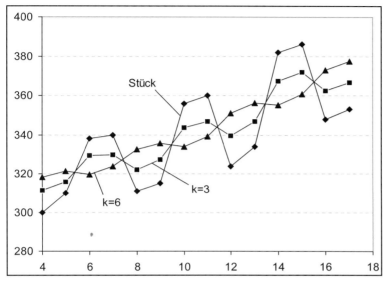

Bild 156: Gegenüberstellung Stückzahl und gleitende Mittel (k=3, k=6)

Wie man in der Darstellung der Stückzahlen erkennt, liegt hier ein saisonaler Einfluss vor. Jeweils im ersten und vierten Quartal liegen die Stückzahlen erheblich niedriger als in zweiten und dritten Quartal. Für die Stückzahlen ergeben sich entsprechende Schwankungen in der Grafik. Mit den gleitenden Mittelwerten k=3 und stärker noch mit k=6 werden diese saisonalen Schwankungen geglättet.

7.7.2 Trendextrapolation

Bei dieser Methode wird das bekannte Verfahren der Regressionsrechnung angewendet, wobei als Einflussgröße die Zeit und als Zielgröße die Messwertreihe verwendet wird. Die folgende Darstellung zeigt das Ergebnis der Regressionsrechnung für das Beispiel 46.

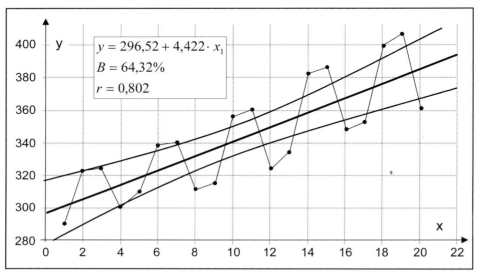

$$y = 296,52 + 4,422 \cdot x_1$$
$$B = 64,32\%$$
$$r = 0,802$$

Bild 157: Trendrechnung mit Regressionsanalyse

Wie man sieht, erhalten wir eine lineare Trendfunktion mit $Stk = 296,5 + 4,42 \cdot t$, aus der durch Einsetzen der Quartalswerte die Tabelle der Prognosewerte erzeugt werden kann:

E1														
1	2	3	4	5	6	7	8	9	10	11	12	13	14	15
301	305	310	314	319	323	327	332	336	341	345	350	354	358	363
E2														
16	17	18	19	20	21	22	23	24	25	26	27	28	29	30
367	372	376	381	385	389	394	398	403	407	411	416	420	425	429
E3														
31	32	33	34	35	36	37	38	39	40	41	42	43	44	45
434	438	442	447	451	456	460	465	469	473	478	482	487	491	496

Bild 158: Prognosewerte der linearen Trendfunktion

Bei der obigen Prognoserechnung sind jedoch die saisonalen Schwankungen nicht berücksichtigt worden. Wenn z.B. für das 22. Quartal eine Prognose abgegeben werden soll, so erhalten wir 394 als Ergebnis. Dies ist jedoch nicht richtig, denn das 22. Quartal ist das zweite Quartal des zugehörigen Jahres und wir wissen, dass das 2. und 3. Quartal jeweils höhere Stückzahlen aufweist als die restlichen zwei Quartale. Um nun den Saisoneffekt in der Formel berücksichtigen zu können, müssen wir zunächst eine trendbereinigte Messreihe bilden. Hierzu ziehen wir von jeder Stückzahl die mit der Formel berechnete Stückzahl ab. Wir erhalten die Residuen der Regressionsrechnung, die wir anschließend als Zielgröße y einsetzen. Als Einflussgrößen setzen wir die vier Quartale.

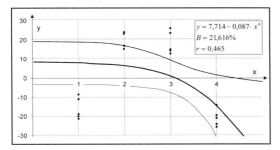

Bild 159: Funktion mit einmaligem EFG-Einsatz

Das anschließende Ergebnis der Regressionsrechnung stellt uns nicht zufrieden, weil mit einmaligem Einsatz der Einflussgröße der funktionale Zusammenhang nicht angenähert werden kann. Aus diesem Grund lassen wir die Einflussgröße zweimal in die Berechnung eingehen und wiederholen die Regressionsanalyse. Nun erhalten wir eine gute Annäherung an die saisonalen Einflüsse. Es gilt für die mittleren Quartalsabweichungen:

1. Quartal: − 16 Stück
2. Quartal: + 19 Stück
3. Quartal: + 18 Stück
4. Quartal: − 21 Stück

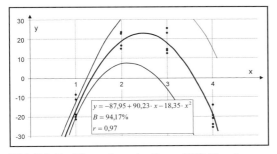

Bild 160: Funktion mit zweimaligem EFG-Einsatz

Unsere Prognose für das 22. Quartal kann also korrigiert werden, indem 19 Stück zu den 394 Stück hinzu addiert werden. Wie kann man nun diesen Einfluss in der ansonsten linearen Trendfunktion berücksichtigen? Wir erinnern uns an das Beispiel „Brennschneiden", wo wir durch Verwendung einer Vorabtransformation die Einflussgröße beliebig transformieren konnten. Wir können nun als zweite und dritte Einflussgröße das jeweilige Quartal in die Formel eingehen lassen, so dass die optimale Funktion automatisch vom System gefunden wird.

Zunächst suchen wir also eine Funktion, die den Quartalszähler (1, 2, 3, 4, 5, 6, 7, 8, 9,...) in das zugehörige Quartal (1, 2, 3, 4, 1, 2, 3, 4, 1...) umrechnet. Dividieren wir den Quartalszähler durch 4, so erhalten wir die Zahlenfolge (0,25; 0,5; 0,75; 1; 1,25; 1,5; 1,75; 2; 2,25...). Wenn wir von diesen Zahlen jeweils die ganzzahligen Werte abziehen, erhalten wir eine sich ständig wiederholende Folge (0,25; 0,5; 0,75; 0; 0,25; 0,5; 0,75; 0...). Um die Nullwerte zu vermeiden, muss man die ganzzahligen Abzugswerte um eine kleine Zahl, z.B. 0,1 verringern, man erhält (0,25; 0,5; 0,75; 1; 0,25;...). Diese Zahlen müssen jetzt nur noch mit 4 multipliziert werden um das gewünschte Ergebnis zu erreichen, also:

Die Vorabtransformationen sind also wie folgt einzustellen:

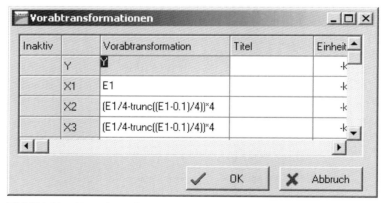

Bild 161: Vorabtransformationen für die Trendrechnung mit Quartalseinfluss

Wenn mit diesen Vorabtransformationen die Regressionsrechnung durchgeführt wird, dann erhält man folgendes Ergebnis:

$$y = 208,1 + 4,48 \cdot x_1 + 90,17 \cdot x_2 - 18,35 \cdot x_3^2$$

$$mit \quad x_1 = E1, \quad x_2 = x_3 = \left[\frac{E1}{4} - trunc\left(\frac{E1 - 0,1}{4}\right)\right] \cdot 4$$

Bestimmtheitsmaß B = 98%

Trägt man die berechneten Werte über den Messwerten auf, erhält man folgende Darstellung:

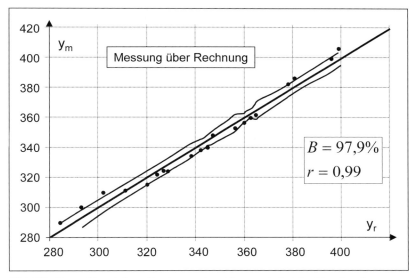

Bild 162: Gegenüberstellung Rechenwerte – Messwerte bei der Trendanalyse

Man erkennt, dass die gefundene Funktion sowohl dem langfristigen Trend, als auch den Quartalsschwankungen folgt, so dass eine realistische Abschätzung zukünftiger Werte möglich ist.

8 Anhang

8.1 Tabellen

Tabelle 1: Standardnormalverteilung

Ablesebeispiele:

u = 1,96 → $\Phi_{(1,96)}$=0,975=97,5%

u = -0,5 → $\Phi_{(-0,5)}$=1-$\Phi_{(0,5)}$=1-0,6915=0,3085=30,85%

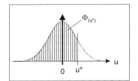

Verteilungsfunktion und Quantile der Standardnormalverteilung									
u	0,00	0,01	0,02	0,03	0,04	0,05	0,06	0,07	0,08	0,09
0,0	0,5000	0,5040	0,5080	0,5120	0,5160	0,5199	0,5239	0,5279	0,5319	0,5359
0,1	0,5398	0,5438	0,5478	0,5517	0,5557	0,5596	0,5636	0,5675	0,5714	0,5753
0,2	0,5793	0,5832	0,5871	0,5910	0,5948	0,5987	0,6026	0,6064	0,6103	0,6141
0,3	0,6179	0,6217	0,6255	0,6293	0,6331	0,6368	0,6406	0,6443	0,6480	0,6517
0,4	0,6554	0,6591	0,6628	0,6664	0,6700	0,6736	0,6772	0,6808	0,6844	0,6879
0,5	0,6915	0,6950	0,6985	0,7019	0,7054	0,7088	0,7123	0,7157	0,7190	0,7224
0,6	0,7257	0,7291	0,7324	0,7357	0,7389	0,7422	0,7454	0,7486	0,7517	0,7549
0,7	0,7580	0,7611	0,7642	0,7673	0,7704	0,7734	0,7764	0,7794	0,7823	0,7852
0,8	0,7881	0,7910	0,7939	0,7967	0,7995	0,8023	0,8051	0,8078	0,8106	0,8133
0,9	0,8159	0,8186	0,8212	0,8238	0,8264	0,8289	0,8315	0,8340	0,8365	0,8389
1,0	0,8413	0,8438	0,8461	0,8485	0,8508	0,8531	0,8554	0,8577	0,8599	0,8621
1,1	0,8643	0,8665	0,8686	0,8708	0,8729	0,8749	0,8770	0,8790	0,8810	0,8830
1,2	0,8849	0,8869	0,8888	0,8907	0,8925	0,8944	0,8962	0,8980	0,8997	0,9015
1,3	0,9032	0,9049	0,9066	0,9082	0,9099	0,9115	0,9131	0,9147	0,9162	0,9177
1,4	0,9192	0,9207	0,9222	0,9236	0,9251	0,9265	0,9279	0,9292	0,9306	0,9319
1,5	0,9332	0,9345	0,9357	0,9370	0,9382	0,9394	0,9406	0,9418	0,9429	0,9441
1,6	0,9452	0,9463	0,9474	0,9484	0,9495	0,9505	0,9515	0,9525	0,9535	0,9545
1,7	0,9554	0,9564	0,9573	0,9582	0,9591	0,9599	0,9608	0,9616	0,9625	0,9633
1,8	0,9641	0,9649	0,9656	0,9664	0,9671	0,9678	0,9686	0,9693	0,9699	0,9706
1,9	0,9713	0,9719	0,9726	0,9732	0,9738	0,9744	0,9750	0,9756	0,9761	0,9767
2,0	0,9772	0,9778	0,9783	0,9788	0,9793	0,9798	0,9803	0,9808	0,9812	0,9817
2,1	0,9821	0,9826	0,9830	0,9834	0,9838	0,9842	0,9846	0,9850	0,9854	0,9857
2,2	0,9861	0,9864	0,9868	0,9871	0,9875	0,9878	0,9881	0,9884	0,9887	0,9890
2,3	0,9893	0,9896	0,9898	0,9901	0,9904	0,9906	0,9909	0,9911	0,9913	0,9916
2,4	0,9918	0,9920	0,9922	0,9925	0,9927	0,9929	0,9931	0,9932	0,9934	0,9936
2,5	0,9938	0,9940	0,9941	0,9943	0,9945	0,9946	0,9948	0,9949	0,9951	0,9952
2,6	0,9953	0,9955	0,9956	0,9957	0,9959	0,9960	0,9961	0,9962	0,9963	0,9964
2,7	0,9965	0,9966	0,9967	0,9968	0,9969	0,9970	0,9971	0,9972	0,9973	0,9974
2,8	0,9974	0,9975	0,9976	0,9977	0,9977	0,9978	0,9979	0,9979	0,9980	0,9981
2,9	0,9981	0,9982	0,9982	0,9983	0,9984	0,9984	0,9985	0,9985	0,9986	0,9986
3,0	0,9987	0,9987	0,9987	0,9988	0,9988	0,9989	0,9989	0,9989	0,9990	0,9990

p =	0,5000	0,7500	0,8000	0,9000	0,9500	0,9750	0,9900	0,9950	0,9975	0,9990
u_p =	0,0000	0,6745	0,8416	1,2816	1,6449	1,9600	2,3263	2,5758	2,8070	3,0902

Tabelle 2: t-Verteilung

Schwellenwerte (Quantile) der t-Verteilung					
(1- α) bzw (1- α/2) in Prozent					
f	90,00%	95,00%	97,50%	99,00%	99,50%	99,95%
1	3,078	6,314	12,706	31,821	63,657	636,619
2	1,886	2,920	4,303	6,965	9,925	31,599
3	1,638	2,353	3,182	4,541	5,841	12,924
4	1,533	2,132	2,776	3,747	4,604	8,610
5	1,476	2,015	2,571	3,365	4,032	6,869
6	1,440	1,943	2,447	3,143	3,707	5,959
7	1,415	1,895	2,365	2,998	3,499	5,408
8	1,397	1,860	2,306	2,896	3,355	5,041
9	1,383	1,833	2,262	2,821	3,250	4,781
10	1,372	1,812	2,228	2,764	3,169	4,587
11	1,363	1,796	2,201	2,718	3,106	4,437
12	1,356	1,782	2,179	2,681	3,055	4,318
13	1,350	1,771	2,160	2,650	3,012	4,221
14	1,345	1,761	2,145	2,624	2,977	4,141
15	1,341	1,753	2,131	2,602	2,947	4,073
16	1,337	1,746	2,120	2,583	2,921	4,015
17	1,333	1,740	2,110	2,567	2,898	3,965
18	1,330	1,734	2,101	2,552	2,878	3,922
19	1,328	1,729	2,093	2,539	2,861	3,883
20	1,325	1,725	2,086	2,528	2,845	3,850
21	1,323	1,721	2,080	2,518	2,831	3,819
22	1,321	1,717	2,074	2,508	2,819	3,792
23	1,319	1,714	2,069	2,500	2,807	3,768
24	1,318	1,711	2,064	2,492	2,797	3,745
25	1,316	1,708	2,060	2,485	2,787	3,725
26	1,315	1,706	2,056	2,479	2,779	3,707
27	1,314	1,703	2,052	2,473	2,771	3,690
28	1,313	1,701	2,048	2,467	2,763	3,674
29	1,311	1,699	2,045	2,462	2,756	3,659
30	1,310	1,697	2,042	2,457	2,750	3,646
40	1,303	1,684	2,021	2,423	2,704	3,551
50	1,299	1,676	2,009	2,403	2,678	3,495
60	1,296	1,671	2,000	2,390	2,660	3,460
70	1,294	1,667	1,994	2,381	2,648	3,434
80	1,292	1,664	1,990	2,374	2,639	3,415
90	1,291	1,662	1,987	2,369	2,632	3,491
100	1,290	1,660	1,984	2,364	2,626	3,389
150	1,287	1,655	1,976	2,352	2,609	3,355
200	1,286	1,653	1,972	2,345	2,601	3,339
300	1,284	1,650	1,968	2,339	2,593	3,323
400	1,284	1,649	1,966	2,336	2,588	3,315
500	1,283	1,640	1,965	2,334	2,586	3,310
600	1,283	1,647	1,964	2,333	2,584	3,307
800	1,282	1,647	1,963	2,331	2,582	3,303
1000	1,282	1,646	1,962	2,330	2,581	3,300
∞	1,282	1,645	1,960	2,326	2,576	3,291

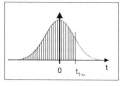

f = Freiheitsgrad

Ablesebeispiel:
Stichprobenumfang
n=10
Freiheitsgrad
f = n-1=9
Aussagewahr-
scheinlichkeit
α=5%

zweiseitiger oberer
Schwellenwert

$t_{(1-\alpha/2,f)} = t_{(0,975;9)} = 2,262$

Tabelle 3: χ^2 - Verteilung

Ablesebeispiele:

f=Freiheitsgrad; $\gamma=1-\alpha$; $\gamma=1-\alpha/2$; $\gamma=\alpha$; $\gamma=\alpha/2$

f=10; $\gamma=5\%$ → $\chi^2=3,94$

f=20; $\gamma=95\%$ → $\chi^2=31,41$

f=25; $\gamma=97,5\%$ → $\chi^2=40,65$

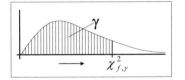

Schwellenwerte (Quantile) der Chi-Quadrat Verteilung											
(1- α) bzw (1- α/2) in Prozent											
f	0,5%	1,0%	2,5%	5%	10%	25%	50%	75%	90%	95%	97,5%	99%
1	0,00004	0,00016	0,00098	0,00393	0,016	0,102	0,455	1,323	2,706	3,841	5,024	6,635
2	0,01003	0,0201	0,05064	0,10259	0,211	0,575	1,386	2,773	4,605	5,991	7,378	9,21
3	0,07172	0,11483	0,2158	0,35185	0,584	1,213	2,366	4,108	6,251	7,815	9,348	11,34
4	0,20699	0,29711	0,48442	0,71072	1,064	1,923	3,357	5,385	7,779	9,488	11,14	13,28
5	0,41174	0,5543	0,83121	1,14548	1,610	2,675	4,351	6,626	9,236	11,07	12,83	15,09
6	0,676	0,872	1,237	1,635	2,204	3,455	5,348	7,841	10,64	12,59	14,45	16,81
7	0,989	1,239	1,690	2,167	2,833	4,255	6,346	9,037	12,02	14,07	16,01	18,48
8	1,344	1,647	2,180	2,733	3,490	5,071	7,344	10,22	13,36	15,51	17,53	20,09
9	1,735	2,088	2,700	3,325	4,168	5,899	8,343	11,39	14,68	16,92	19,02	21,67
10	2,156	2,558	3,247	3,940	4,865	6,737	9,342	12,55	15,99	18,31	20,48	23,21
11	2,603	3,053	3,816	4,575	5,578	7,584	10,34	13,70	17,28	19,68	21,92	24,72
12	3,074	3,571	4,404	5,226	6,304	8,438	11,34	14,85	18,55	21,03	23,34	26,22
13	3,565	4,107	5,009	5,892	7,042	9,299	12,34	15,98	19,81	22,36	24,74	27,69
14	4,075	4,660	5,629	6,571	7,790	10,17	13,34	17,12	21,06	23,68	26,12	29,14
15	4,601	5,229	6,262	7,261	8,547	11,04	14,34	18,25	22,31	25,00	27,49	30,58
16	5,142	5,812	6,908	7,962	9,312	11,91	15,34	19,37	23,54	26,30	28,85	32,00
17	5,697	6,408	7,564	8,672	10,09	12,79	16,34	20,49	24,77	27,59	30,19	33,41
18	6,265	7,015	8,231	9,390	10,86	13,68	17,34	21,60	25,99	28,87	31,53	34,81
19	6,844	7,633	8,907	10,12	11,65	14,56	18,34	22,72	27,20	30,14	32,85	36,19
20	7,434	8,260	9,591	10,85	12,44	15,45	19,34	23,83	28,41	31,41	34,17	37,57
21	8,034	8,897	10,28	11,59	13,24	16,34	20,34	24,93	29,62	32,67	35,48	38,93
22	8,643	9,542	10,98	12,34	14,04	17,24	21,34	26,04	30,81	33,92	36,78	40,29
23	9,260	10,20	11,69	13,09	14,85	18,14	22,34	27,14	32,01	35,17	38,08	41,64
24	9,886	10,86	12,40	13,85	15,66	19,04	23,34	28,24	33,20	36,42	39,36	42,98
25	10,52	11,52	13,12	14,61	16,47	19,94	24,34	29,34	34,38	37,65	40,65	44,31
26	11,16	12,20	13,84	15,38	17,29	20,84	25,34	30,43	35,56	38,89	41,92	45,64
27	11,81	12,88	14,57	16,15	18,11	21,75	26,34	31,53	36,74	40,11	43,19	46,96
28	12,46	13,56	15,31	16,93	18,94	22,66	27,34	32,62	37,92	41,34	44,46	48,28
29	13,12	14,26	16,05	17,71	19,77	23,57	28,34	33,71	39,09	42,56	45,72	49,59
30	13,79	14,95	16,79	18,49	20,60	24,48	29,34	34,80	40,26	43,77	46,98	50,89
40	20,71	22,16	24,43	26,51	29,05	33,66	39,34	45,62	51,81	55,76	59,34	63,69
50	27,98	29,72	32,35	34,76	37,69	42,90	49,33	56,33	63,16	67,51	71,39	76,14
60	35,52	37,50	40,47	43,19	46,46	52,26	59,33	66,98	74,39	79,10	83,26	88,36
70	43,27	45,45	48,75	51,74	55,33	61,68	69,33	77,58	85,52	90,55	94,99	100,4
80	51,17	53,54	57,15	60,39	64,28	71,14	79,33	88,13	96,58	101,9	106,6	112,3
90	59,20	61,75	65,65	69,12	73,29	80,63	89,33	98,65	107,6	113,2	118,1	124,1
100	67,34	70,05	74,22	77,93	82,36	90,14	99,33	109,1	118,5	124,4	129,5	135,8
150	109,2	112,6	117,99	122,69	128,3	138,0	149,3	161,3	172,6	179,6	185,8	193,2
200	152,3	156,4	162,73	168,28	174,8	186,2	199,3	213,1	226,1	234,0	241,1	249,4
250	196,2	200,9	208,10	214,40	221,8	234,6	249,3	264,7	279,1	287,9	295,7	304,9
300	240,7	245,9	253,91	260,89	269,1	283,2	299,3	316,1	331,8	341,4	349,9	359,9
400	330,9	337,1	346,47	354,66	364,2	380,6	399,3	418,7	436,7	447,6	457,3	468,7
600	514,5	522,4	534,00	544,20	556,1	576,3	599,3	623,0	644,8	658,1	669,8	683,5
800	700,7	710,0	723,50	735,38	749,2	772,7	799,3	826,7	851,7	867,0	880,4	896,0
1000	888,6	898,9	914,30	927,60	943,1	969,5	999,3	1030	1058	1075	1090	1107

Tabelle 4.1: F- Verteilung γ = 95%; f_1 von 1 bis 10

Ablesebeispiel:

f1 = 14; f2 = 16; γ = 1-α = 95% $\rightarrow$

$$F = 2,35 + \frac{2,42 - 2,35}{15 - 12} = 2,373$$

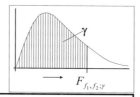

Schwellenwerte (Quantile) der F-Verteilung für (1- α) bzw (1- α/2) = 95%									
(1- α) bzw (1- α/2) = 95%									
f1 f2	1	2	3	4	5	6	7	8	9	10
1	161	200	216	225	230	234	237	239	241	242
2	18,5	19,0	19,2	19,2	19,3	19,3	19,4	19,4	19,4	19,4
3	10,1	9,55	9,28	9,12	9,01	8,94	8,89	8,85	8,81	8,79
4	7,71	6,94	6,59	6,39	6,26	6,16	6,09	6,04	6,00	5,96
5	6,61	5,79	5,41	5,19	5,05	4,95	4,88	4,82	4,77	4,74
6	5,99	5,14	4,76	4,53	4,39	4,28	4,21	4,15	4,10	4,06
7	5,59	4,74	4,35	4,12	3,97	3,87	3,79	3,73	3,68	3,64
8	5,32	4,46	4,07	3,84	3,69	3,58	3,50	3,44	3,39	3,35
9	5,12	4,26	3,86	3,63	3,48	3,37	3,29	3,23	3,18	3,14
10	4,96	4,10	3,71	3,48	3,33	3,22	3,14	3,07	3,02	2,98
11	4,84	3,98	3,59	3,36	3,20	3,09	3,01	2,95	2,90	2,85
12	4,75	3,89	3,49	3,26	3,11	3,00	2,91	2,85	2,80	2,75
13	4,67	3,81	3,41	3,18	3,03	2,92	2,83	2,77	2,71	2,67
14	4,60	3,74	3,34	3,11	2,96	2,85	2,76	2,70	2,65	2,60
15	4,54	3,68	3,29	3,06	2,90	2,79	2,71	2,64	2,59	2,54
16	4,49	3,63	3,24	3,01	2,85	2,74	2,66	2,59	2,54	2,49
17	4,45	3,59	3,20	2,96	2,81	2,70	2,61	2,55	2,49	2,45
18	4,41	3,55	3,16	2,93	2,77	2,66	2,58	2,51	2,46	2,41
19	4,38	3,52	3,13	2,90	2,74	2,63	2,54	2,48	2,42	2,38
20	4,35	3,49	3,10	2,87	2,71	2,60	2,51	2,45	2,39	2,35
21	4,32	3,47	3,07	2,84	2,68	2,57	2,49	2,42	2,37	2,32
22	4,30	3,44	3,05	2,82	2,66	2,55	2,46	2,40	2,34	2,30
23	4,28	3,42	3,03	2,80	2,64	2,53	2,44	2,37	2,32	2,27
24	4,26	3,40	3,01	2,78	2,62	2,51	2,42	2,36	2,30	2,25
25	4,24	3,39	2,99	2,76	2,60	2,49	2,40	2,34	2,28	2,24
26	4,23	3,37	2,98	2,74	2,59	2,47	2,39	2,32	2,27	2,22
27	4,21	3,35	2,96	2,73	2,57	2,46	2,37	2,31	2,25	2,20
28	4,20	3,34	2,95	2,71	2,56	2,45	2,36	2,29	2,24	2,19
29	4,18	3,33	2,93	2,70	2,55	2,43	2,35	2,28	2,22	2,18
30	4,17	3,32	2,92	2,69	2,53	2,42	2,33	2,27	2,21	2,16
40	4,08	3,23	2,84	2,61	2,45	2,34	2,25	2,18	2,12	2,08
60	4,00	3,15	2,76	2,53	2,37	2,25	2,17	2,10	2,04	1,99
120	3,92	3,07	2,68	2,45	2,29	2,18	2,09	2,02	1,96	1,91
∞	3,84	3,00	2,60	2,37	2,21	2,10	2,01	1,94	1,88	1,83

Tabelle 4.2: F- Verteilung γ = 95%; f_1 von 12 bis ∞

Schwellenwerte (Quantile) der F-Verteilung für (1- α) bzw (1- α/2) = 95%								
(1- α) bzw (1- α/2) = 95%								
f1 / f2	12	15	20	24	30	40	60	120	∞
1	244	246	248	249	250	251	252	253	254
2	19,4	19,4	19,4	19,5	19,5	19,5	19,5	19,5	19,5
3	8,74	8,70	8,66	8,64	8,62	8,59	8,57	8,55	8,53
4	5,91	5,86	5,80	5,77	5,75	5,72	5,69	5,66	5,63
5	4,68	4,62	4,56	4,53	4,50	4,46	4,43	4,40	4,37
6	4,00	3,94	3,87	3,84	3,81	3,77	3,74	3,70	3,67
7	3,57	3,51	3,44	3,41	3,38	3,34	3,30	3,27	3,23
8	3,28	3,22	3,15	3,12	3,08	3,04	3,01	2,97	2,93
9	3,07	3,01	2,94	2,90	2,86	2,83	2,79	2,75	2,71
10	2,91	2,85	2,77	2,74	2,70	2,66	2,62	2,58	2,54
11	2,79	2,72	2,65	2,61	2,57	2,53	2,49	2,45	2,40
12	2,69	2,62	2,54	2,51	2,47	2,43	2,38	2,34	2,30
13	2,60	2,53	2,46	2,42	2,38	2,34	2,30	2,25	2,21
14	2,53	2,46	2,39	2,35	2,31	2,27	2,22	2,18	2,13
15	2,48	2,40	2,33	2,29	2,25	2,20	2,16	2,11	2,07
16	2,42	2,35	2,28	2,24	2,19	2,15	2,11	2,06	2,01
17	2,38	2,31	2,23	2,19	2,15	2,10	2,06	2,01	1,96
18	2,34	2,27	2,19	2,15	2,11	2,06	2,02	1,97	1,92
19	2,31	2,23	2,16	2,11	2,07	2,03	1,98	1,93	1,88
20	2,28	2,20	2,12	2,08	2,04	1,99	1,95	1,90	1,84
21	2,25	2,18	2,10	2,05	2,01	1,96	1,92	1,87	1,81
22	2,23	2,15	2,07	2,03	1,98	1,94	1,89	1,84	1,78
23	2,20	2,13	2,05	2,01	1,96	1,91	1,86	1,81	1,76
24	2,18	2,11	2,03	1,98	1,94	1,89	1,84	1,79	1,73
25	2,16	2,09	2,01	1,96	1,92	1,87	1,82	1,77	1,71
26	2,15	2,07	1,99	1,95	1,90	1,85	1,80	1,75	1,69
27	2,13	2,06	1,97	1,93	1,88	1,84	1,79	1,73	1,67
28	2,12	2,04	1,96	1,91	1,87	1,82	1,77	1,71	1,65
29	2,10	2,03	1,94	1,90	1,85	1,81	1,75	1,70	1,64
30	2,09	2,01	1,93	1,89	1,84	1,79	1,74	1,68	1,62
40	2,00	1,92	1,84	1,79	1,74	1,69	1,64	1,58	1,51
60	1,92	1,84	1,75	1,70	1,65	1,59	1,53	1,47	1,39
120	1,83	1,75	1,66	1,61	1,55	1,50	1,43	1,35	1,25
∞	1,75	1,67	1,57	1,52	1,46	1,39	1,32	1,22	1,00

Tabelle 4.3: F- Verteilung γ = 97,5%; f_1 von 1 bis 10

Quantile der F-Verteilung für (1- α) bzw (1- α/2) = 97,5%									
(1- α) bzw (1- α/2) = 97,5%									
f1 / f2	1	2	3	4	5	6	7	8	9	10
1	648	800	864	900	922	937	948	957	963	969
2	38,5	39,0	39,2	39,2	39,3	39,3	39,4	39,4	39,4	39,4
3	17,4	16,0	15,4	15,1	14,9	14,7	14,6	14,5	14,5	14,4
4	12,2	10,6	9,98	9,60	9,36	9,20	9,07	8,98	8,90	8,84
5	10,0	8,43	7,76	7,39	7,15	6,98	6,85	6,76	6,68	6,62
6	8,81	7,26	6,60	6,23	5,99	5,82	5,70	5,60	5,52	5,46
7	8,07	6,54	5,89	5,52	5,29	5,12	4,99	4,90	4,82	4,76
8	7,57	6,06	5,42	5,05	4,82	4,65	4,53	4,43	4,36	4,30
9	7,21	5,71	5,08	4,72	4,48	4,32	4,20	4,10	4,03	3,96
10	6,94	5,46	4,83	4,47	4,24	4,07	3,95	3,85	3,78	3,72
11	6,72	5,26	4,63	4,28	4,04	3,88	3,76	3,66	3,59	3,53
12	6,55	5,10	4,47	4,12	3,89	3,73	3,61	3,51	3,44	3,37
13	6,41	4,97	4,35	4,00	3,77	3,60	3,48	3,39	3,31	3,25
14	6,30	4,86	4,24	3,89	3,66	3,50	3,38	3,29	3,21	3,15
15	6,20	4,77	4,15	3,80	3,58	3,41	3,29	3,20	3,12	3,06
16	6,12	4,69	4,08	3,73	3,50	3,34	3,22	3,12	3,05	2,99
17	6,04	4,62	4,01	3,66	3,44	3,28	3,16	3,06	2,98	2,92
18	5,98	4,56	3,95	3,61	3,38	3,22	3,10	3,01	2,93	2,87
19	5,92	4,51	3,90	3,56	3,33	3,17	3,05	2,96	2,88	2,82
20	5,87	4,46	3,86	3,51	3,29	3,13	3,01	2,91	2,84	2,77
21	5,83	4,42	3,82	3,48	3,25	3,09	2,97	2,87	2,80	2,73
22	5,79	4,38	3,78	3,44	3,22	3,05	2,93	2,84	2,76	2,70
23	5,75	4,35	3,75	3,41	3,18	3,02	2,90	2,81	2,73	2,67
24	5,72	4,32	3,72	3,38	3,15	2,99	2,87	2,78	2,70	2,64
25	5,69	4,29	3,69	3,35	3,13	2,97	2,85	2,75	2,68	2,61
26	5,66	4,27	3,67	3,33	3,10	2,94	2,82	2,73	2,65	2,59
27	5,63	4,24	3,65	3,31	3,08	2,92	2,80	2,71	2,63	2,57
28	5,61	4,22	3,63	3,29	3,06	2,90	2,78	2,69	2,61	2,55
29	5,59	4,20	3,61	3,27	3,04	2,88	2,76	2,67	2,59	2,53
30	5,57	4,18	3,59	3,25	3,03	2,87	2,75	2,65	2,57	2,51
40	5,42	4,05	3,46	3,13	2,90	2,74	2,62	2,53	2,45	2,39
60	5,29	3,93	3,34	3,01	2,79	2,63	2,51	2,41	2,33	2,27
120	5,15	3,80	3,23	2,89	2,67	2,52	2,39	2,30	2,22	2,16
∞	5,02	3,69	3,12	2,79	2,57	2,41	2,29	2,19	2,11	2,05

Tabelle 4.4: F- Verteilung γ = 97,5%; f_1 von 12 bis ∞

Schwellenwerte (Quantile) der F-Verteilung für (1- α) bzw (1- α/2) = 95%								
(1- α) bzw (1- α/2) = 95%								
f2 \ f1	12	15	20	24	30	40	60	120	∞
1	977	985	993	997	1001	1006	1010	1014	1018
2	39,4	39,4	39,4	39,5	39,5	39,5	39,5	39,5	39,5
3	14,3	14,3	14,2	14,1	14,1	14,0	14,0	13,9	13,9
4	8,75	8,66	8,56	8,51	8,46	8,41	8,36	8,31	8,26
5	6,52	6,43	6,33	6,28	6,23	6,18	6,12	6,07	6,02
6	5,37	5,27	5,17	5,12	5,07	5,01	4,96	4,90	4,85
7	4,67	4,57	4,47	4,42	4,36	4,31	4,25	4,20	4,14
8	4,20	4,10	4,00	3,95	3,89	3,84	3,78	3,73	3,67
9	3,87	3,77	3,67	3,61	3,56	3,51	3,45	3,39	3,33
10	3,62	3,52	3,42	3,37	3,31	3,26	3,20	3,14	3,08
11	3,43	3,33	3,23	3,17	3,12	3,06	3,00	2,94	2,88
12	3,28	3,18	3,07	3,02	2,96	2,91	2,85	2,79	2,73
13	3,15	3,05	2,95	2,89	2,84	2,78	2,72	2,66	2,60
14	3,05	2,95	2,84	2,79	2,73	2,67	2,61	2,55	2,49
15	2,96	2,86	2,76	2,70	2,64	2,59	2,52	2,46	2,40
16	2,89	2,79	2,68	2,63	2,57	2,51	2,45	2,38	2,32
17	2,82	2,72	2,62	2,56	2,50	2,44	2,38	2,32	2,25
18	2,77	2,67	2,56	2,50	2,45	2,38	2,32	2,26	2,19
19	2,72	2,62	2,51	2,45	2,39	2,33	2,27	2,20	2,13
20	2,68	2,57	2,46	2,41	2,35	2,29	2,22	2,16	2,09
21	2,64	2,53	2,42	2,37	2,31	2,25	2,18	2,11	2,04
22	2,60	2,50	2,39	2,33	2,27	2,21	2,15	2,08	2,00
23	2,57	2,47	2,36	2,30	2,24	2,18	2,11	2,04	1,97
24	2,54	2,44	2,33	2,27	2,21	2,15	2,08	2,01	1,94
25	2,51	2,41	2,30	2,24	2,18	2,12	2,05	1,98	1,91
26	2,49	2,39	2,28	2,22	2,16	2,09	2,03	1,95	1,88
27	2,47	2,36	2,25	2,19	2,13	2,07	2,00	1,93	1,85
28	2,45	2,34	2,23	2,17	2,11	2,05	1,98	1,91	1,83
29	2,43	2,32	2,21	2,15	2,09	2,03	1,96	1,89	1,81
30	2,41	2,31	2,20	2,14	2,07	2,01	1,94	1,87	1,79
40	2,29	2,18	2,07	2,01	1,94	1,88	1,80	1,72	1,64
60	2,17	2,06	1,94	1,88	1,82	1,74	1,67	1,58	1,48
120	2,05	1,95	1,82	1,76	1,69	1,61	1,53	1,43	1,31
∞	1,94	1,83	1,71	1,64	1,57	1,48	1,39	1,27	1,00

Tabelle 5: Test auf Zufälligkeit nach Swed u. Eisenhart

Untere und obere Schwellenwerte für den Test auf Zufälligkeit $(1-\alpha) = 95\%$ und $n_1, n_2 \le 20$

Tabelle für den unteren Schwellenwert Z_{unten}

n2 \ n1	2	3	4	5	6	7	8	9	10	11	12	13	14	15	16	17	18	19	20
2											2	2	2	2	2	2	2	2	2
3					2	2	2	2	2	2	2	2	2	3	3	3	3	3	3
4				2	2	2	3	3	3	3	3	3	3	3	4	4	4	4	4
5			2	2	3	3	3	3	3	4	4	4	4	4	4	4	5	5	5
6		2	2	2	3	3	3	4	4	4	4	5	5	5	5	5	5	6	6
7		2	2	3	3	3	4	4	5	5	5	5	5	6	6	6	6	6	6
8		2	3	3	3	4	4	5	5	5	6	6	6	6	6	7	7	7	7
9		2	3	3	4	4	5	5	5	6	6	6	7	7	7	7	8	8	8
10		2	3	3	4	5	5	5	6	6	7	7	7	7	8	8	8	8	9
11		2	3	4	4	5	5	6	6	7	7	7	8	8	8	9	9	9	9
12	2	2	3	4	4	5	6	6	7	7	7	8	8	8	9	9	9	10	10
13	2	2	3	4	5	5	6	6	7	7	8	8	9	9	9	10	10	10	10
14	2	2	3	4	5	5	6	7	7	8	8	9	9	9	10	10	10	11	11
15	2	3	3	4	5	6	6	7	7	8	8	9	9	10	10	11	11	11	12
16	2	3	4	4	5	6	6	7	8	8	9	9	10	10	11	11	11	12	12
17	2	3	4	4	5	6	7	7	8	9	9	10	10	11	11	11	11	12	13
18	2	3	4	5	5	6	7	8	8	9	9	10	10	11	11	12	12	13	13
19	2	3	4	5	6	6	7	8	8	9	10	10	11	11	12	12	12	13	13
20	2	3	4	5	6	6	7	8	9	9	10	10	11	11	12	13	13	13	14

Tabelle für den oberen Schwellenwert Z_{oben}

n2 \ n1	2	3	4	5	6	7	8	9	10	11	12	13	14	15	16	17	18	19	20
2																			
3																			
4				9	9														
5			9	10	10	11	11												
6			9	10	11	12	12	13	13	13	13								
7				11	12	13	13	14	14	14	14	15	15	15					
8				11	12	13	14	14	15	15	16	16	16	16	17	17	17	17	17
9					13	14	14	15	16	17	18	19	19	19	20	20	20	21	21
10					13	14	15	16	16	17	17	18	18	18	19	19	19	20	20
11					13	14	15	16	17	17	18	19	19	19	20	20	20	21	21
12					13	14	16	16	17	18	19	19	20	20	21	21	21	22	22
13						15	16	17	18	19	19	20	20	21	21	22	22	23	23
14						15	16	17	18	19	20	20	21	22	22	23	23	23	24
15						15	16	18	18	19	20	21	22	22	23	23	24	24	25
16							17	18	19	20	21	21	22	23	23	24	25	25	25
17							17	18	19	20	21	22	23	23	24	25	25	26	26
18							17	18	19	20	21	22	23	24	25	25	26	26	27
19							17	18	20	21	22	23	23	24	25	26	26	27	27
20							17	18	20	21	22	23	24	25	25	26	27	27	28

Tabelle 6: Test auf Normalverteilung nach Kolmogoroff und Smirnov

Kritische Werte für den Kolmogoroff-Smirnov Test auf Normalverteilung		
(1- α) in Prozent		
n	90%	95%	99%
4	0,352	0,381	0,417
5	0,315	0,337	0,405
6	0,294	0,319	0,364
7	0,276	0,300	0,348
8	0,261	0,285	0,331
9	0,249	0,271	0,311
10	0,239	0,258	0,294
11	0,230	0,249	0,284
12	0,223	0,242	0,275
13	0,214	0,234	0,268
14	0,207	0,227	0,261
15	0,201	0,220	0,257
16	0,195	0,213	0,250
17	0,189	0,206	0,245
18	0,184	0,200	0,239
19	0,179	0,195	0,235
20	0,174	0,190	0,231
25	0,158	0,173	0,200
30	0,144	0,161	0,187
35	0,136	0,150	0,174
40	0,127	0,140	0,163
45	0,120	0,132	0,154
50	0,114	0,125	0,146

Tabelle 7: Test auf Ausreißer nach David, Hartley und Pearson

Schwellenwerte für den Test auf Ausreißer (nach David, Hartley und Pearson)			
n	(1- α) in Prozent		
	90,00%	95,00%	99,00%	99,50%
3	1,997	1,999	2,000	2,000
4	2,409	2,429	2,445	2,447
5	2,712	2,753	2,803	2,813
6	2,949	3,012	3,095	3,115
7	3,143	3,222	3,338	3,369
8	3,308	3,399	3,543	3,585
9	3,449	3,552	3,720	3,772
10	3,57	3,685	3,875	3,935
11	3,68	3,80	4,012	4,079
12	3,78	3,91	4,134	4,208
13	3,87	4,00	4,244	4,325
14	3,95	4,09	4,34	4,431
15	4,02	4,17	4,44	4,53
16	4,09	4,24	4,52	4,62
17	4,15	4,31	4,60	4,70
18	4,21	4,37	4,67	4,78
19	4,27	4,43	4,74	4,85
20	4,32	4,49	4,80	4,91
25	4,53	4,71	5,06	5,19
30	4,70	4,89	5,26	5,40
35	4,84	5,04	5,42	5,57
40	4,96	5,16	5,56	5,71
45	5,06	5,26	5,67	5,83
50	5,14	5,35	5,77	5,93
55	5,22	5,43	5,86	6,02
60	5,29	5,51	5,94	6,10
65	5,35	5,57	6,01	6,17
70	5,41	5,63	6,07	6,24
75	5,46	5,68	6,13	6,30
80	5,51	5,73	6,18	6,35
85	5,56	5,78	6,23	6,40
90	5,60	5,82	6,27	6,45
95	5,64	5,86	6,32	6,49
100	5,68	5,90	6,36	6,53
150	5,96	6,18	6,64	6,82
200	6,15	6,39	6,84	7,01
500	6,72	6,94	7,42	7,60
1000	7,11	7,33	7,80	7,99

Tabelle 8: Test auf Ausreißer nach Grubbs

Schwellenwerte für den Test auf Ausreißer (nach Grubbs)		
	(1- α) in Prozent	
n	95,00%	99,00%
3	1,15	1,16
4	1,44	1,49
5	1,67	1,75
6	1,82	1,94
7	1,94	2,10
8	2,03	2,22
9	2,11	2,32
10	2,18	2,41
11	2,24	2,48
12	2,29	2,55
13	2,33	2,61
14	2,37	2,66
15	2,41	2,71
16	2,44	2,75
17	2,48	2,79
18	2,51	2,82
19	2,53	2,85
20	2,56	2,88
25	2,66	3,01
30	2,75	3,10
35	2,81	3,18
40	2,87	3,24
45	2,91	3,29
50	2,95	3,34
55	2,99	3,38
60	3,02	3,42
65	3,05	3,45
70	3,08	3,49
75	3,11	3,51
80	3,13	3,54
85	3,15	3,56
90	3,17	3,57
95	3,19	3,59
100	3,21	3,60
150	3,34	
200	3,39	
500	3,58	
1000	3,69	

8.2 Formelsammlung

Bezeichnung	Formel	Legende		Seite
Wahrschein-lichkeit	$P_{(E)} = \dfrac{g}{m}$	P: E: g: m:	Wahrscheinlichkeit Ereignis Anzahl günstiger Ereignisse Anzahl möglicher Ereignisse	20
Wahrschein-lichkeit	$P_{(E)} = \lim\limits_{n \to \infty} \dfrac{n}{m}$	P: E: n: m:	Wahrscheinlichkeit Ereignis Anzahl der Beobachtungen von E Anzahl der Beobachtungen insgesamt	20
Binomial-verteilung	$P_x^{(n)} = \dbinom{n}{x} \cdot p^x \cdot q^{n-x}$	P: n: x: p: q:	Wahrscheinlichkeit Anzahl der Versuche Anzahl der erfolgreichen Versuche Wahrscheinl. für erfolgreichen Versuch q = 1 - p	25
Hypergeometri-sche Verteilung	$P_x(N,M,n) = \dfrac{\dbinom{M}{x} \cdot \dbinom{N-M}{n-x}}{\dbinom{N}{n}}$	P: N: M: n: x:	Wahrscheinlichkeit Gesamtzahl der Kugeln Anzahl der weißen Kugeln gezogene Kugeln ohne zurücklegen weiße Kugeln unter den gezogenen	28
Anteilswert für Ereignisse	$\hat{P} = \dfrac{x}{n}$	$\hat{P}$: x : n :	Anteilswert für Ereignis Absolute Häufigkeit des Ereignisses Anzahl der Messungen	31
Vertrauensbe-reich für den Anteilswert	$\dfrac{VB}{2} = \pm u \cdot \sqrt{\dfrac{\hat{P} \cdot (1-\hat{P})}{n}}$	VB/2: u : $\hat{P}$: n :	halber Vertrauensbereich zweiseit. krit. Wert aus Normalverteilung Anteilswert der Stichprobe Anzahl der Messungen	33
Erforderlicher Stichprobenum-fang für Anteils-wert	$n' = u^2 \cdot \dfrac{\hat{P} \cdot (1-\hat{P})}{(f')^2}$	f': u : $\hat{P}$: n':	geforderter halber Vertrauensbereich zweiseit. krit. Wert aus Normalverteilung Anteilswert der Stichprobe Anzahl der Messungen gef. VB/2	33
Zentralwert n ungerade	$\tilde{x} = x_{\left(\frac{n-1}{2}\right)}$	$\tilde{x}$: n :	Zentralwert Anzahl werte	46
Zentralwert n gerade	$\tilde{x} = \dfrac{x_{\left(\frac{r}{2}\right)} + x_{\left(\frac{n}{2}+1\right)}}{2}$	$\tilde{x}$: n :	Zentralwert Anzahl werte	46
Arithmetischer Mittelwert	$\bar{x} = \dfrac{\sum x_i}{n}$	$\bar{x}$: x_i : n :	arithmetischer Mittelwert i-ter Wert der Messreihe Anzahl Werte	49
Gewichteter arithmetischer Mittelwert	$\bar{x}_{gewichtet} = \sum\limits_{i=1}^{p} \left(\bar{x}_i \cdot \dfrac{H_i}{n} \right)$	$\bar{x}_i$: H_i : p : n :	Klassenmittelwert der i-ten Klasse Klassenhäufigkeit der i-ten Klasse Anzahl der Klassen Gesamtzahl der Merkmalswerte	54
Geometrischer Mittelwert	$\bar{x}_G = \sqrt[n]{\prod\limits_{i=1}^{n} x_i}$	$\bar{x}_G$: n : x_i :	Klassenmittelwert der i-ten Klasse Anzahl der Merkmalswerte i.ter Werte der Messreihe	56
Spannweite	$R = x_{max} - x_{min}$	x_{max} : x_{min} :	größter Stichprobenwert kleinster Stichprobenwert	59
mittlere Spannweite	$\bar{R} = \dfrac{\sum\limits_{i=1}^{k} R_i}{k}$	R_i : k :	Spannweite der Gruppe i Anzahl der Gruppen	61

Bezeichnung	Formel	Legende		Seite
Streuzahl	$z = \dfrac{R}{\overline{x}}$ bzw. $z = \dfrac{\overline{R}}{\overline{x}}$	z : R bzw. $\overline{R}$: $\overline{x}$:	Streuzahl Spannweite bzw. mittlere Spannweite arithmetischer Mittelwert	61
Varianz des a-rithmetischen Mit-telwertes	$s^2 = \dfrac{1}{n-1} \cdot \sum\limits_{i=1}^{n}\left(x_i - \overline{x}\right)^2$	s^2 : n : x_i : $\overline{x}$:	Varianz Anzahl der Messungen i-ter Wert der Messreihe arithmetischer Mittelwert	63
Standardab-weichung	$s = \sqrt{s^2}$	s : s^2 :	Standardabweichung Varianz	64
Variationszahl	$v = \dfrac{s}{\overline{x}}$	V: s : $\overline{x}$:	Variationszahl Standardabweichung arithmetischer Mittelwert	64
Halber Vertrauens-bereich	$\dfrac{VB}{2} = t_{\left(1-\alpha/2,\,n-1\right)} \cdot \dfrac{s}{\sqrt{n}}$	$VB/2$: $t_{\left(1-\alpha/2,\,n-1\right)}$: s : n :	halber Vertrauensbereich zweiseit. krit. Wert der t-Verteilung Standardabweichung Anzahl der Messungen	95
Epsilon	$\varepsilon = \dfrac{t \cdot \dfrac{s}{\sqrt{n}}}{\overline{x}} \cdot 100\%$	ε : $t_{\left(1-\alpha/2,\,n-1\right)}$: s : n : $\overline{x}$:	Epsilon zweiseit. krit. Wert der t-Vert. Standardabweichung Anzahl der Messungen arithmetischer Mittelwert	98
Erforderlicher Stichprobenum-fang für Mittelwert	$n' = \left(\dfrac{t \cdot s}{\varepsilon' \cdot \overline{x}}\right)^2$	n': t : s : ε' : $\overline{x}$:	Erforderliche Anzahl Messwerte zweiseit. krit. Wert der t-Verteilung Standardabweichung gefordertes Epsilon arithmetischer Mittelwert	99
Die Normalen-gleichung bei linearer Regression	$\sum\limits_{i=1}^{n}\left(a_0 + a_1 x_i\right) = \sum\limits_{i=1}^{n}\hat{y}_i$ $\sum\limits_{i=1}^{n}\left(a_0 x_i + a_1 x_i^2\right) = \sum\limits_{i=1}^{n}\hat{y}_i x_i$	n : a_0 : a_1 : x_i : $\hat{y}_i$:	Stichprobenumfang y-Achsenabschnitt Steigung i-ter x-Wert i-ter y-Wert	134
Korrelation bei linearer Regression	$r_{XY} = \dfrac{\sum\limits_{i=1}^{n}\left(x_i - \overline{x}\right) \cdot \left(y_i - \overline{y}\right)}{\sqrt{\sum\limits_{i=1}^{n}\left(x_i - \overline{x}\right)^2} \cdot \sqrt{\sum\limits_{i=1}^{n}\left(y_i - \overline{y}\right)^2}}$	n : x_i : $\overline{x}$: y_i : $\overline{y}$:	Stichprobenumfang i-ter x-Wert Mittelwert der x-Werte i-ter y-Wert Mittelwert der y-Werte	139
Bestimmtheits-maß	$B = \dfrac{s_{\varnothing}^2 - s_{REG}^2}{s_{\varnothing}^2}$	$s_{\varnothing}^2$: s_{REG}^2 :	Varianz der Abweichungen vom Mittelwert Varianz der Abweichungen von der Regression	143
Epsilon der Regressions-rechnung	$\varepsilon_R = \dfrac{VB/2_{Regression}}{\overline{x}}$	$VB/2_{Regression}$: $\overline{x}$:	halber VB der Regressionsrechnung Mittelwert	153
Gleitende Durchschnitte k = ungerade	$y_t^* = \dfrac{1}{k} \cdot \sum\limits_{j=t-1}^{t+k-2} y_j$	k : y_j :	3, 5, 7, ... j-ter y-Wert	183
Gleitende Durchschnitte k = gerade	$y_t^* = \dfrac{1}{k} \cdot \left(\dfrac{1}{2} \cdot y_{t-k/2} + \sum\limits_{j=t-k/2+1}^{t-k/2+k-1} y_j + \dfrac{1}{2} \cdot y_{t-k/2+k}\right)$	k : y_j :	4, 6, 8, ... j-ter y-Wert	183

8.3 Statistische Methoden in der Arbeitsorganisation

In diesem Anschnitt wird speziell auf die Anwendung statistischer Methoden im Bereich der Arbeitsorganisation (REFA) eingegangen. Dabei soll dokumentiert werden, welche Begriffe und spezifische Verfahren in den einzelnen Teilgebieten zum Einsatz kommen.

Gebiet: Grundbegriffe der Datenermittlung (vgl. REFA / 6 /)

Abhängige und unabhängige Daten   (vgl. / 6 / Seite 13)

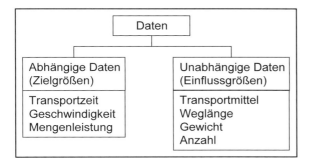

Gliederung in quantitative und qualitative Daten   (vgl. / 6 / Seite 15 ff)

Gebiet: Zeitaufnahme / 6 /

Messgeräte für die Erfassung von Zeitdaten	(vgl. / 6 / Seite 90 ff)
Erfassungsbögen für die manuelle Durchführung	(vgl. / 6 / Seite 106 ff)
Mittelwerte für Zeiten und Leistungsgrade	(vgl. / 6 / Seite 147 ff)
Ausreißer	(vgl. / 6 / Seite 158)
Statistische Auswertung	(vgl. / 6 / Seite 161 ff)

- Grundgesamtheit und Stichprobe   (Seite 161)
- Vertrauensbereich nach dem Streuzahlverfahren   (Seite 163)
- Vertrauensbereich nach dem Variationszahlverfahren   (Seite 176)
- Normalverteilung   (Seite 183)

Gebiet: Multimomentaufnahme / 6 /

Häufigkeit von Ablaufarten	(vgl. / 6 / Seite 232)
Berechnung der Anteilswerte	(vgl. / 6 / Seite 234)
Ermittlung des erforderlichen Beobachtungsumfangs n´	(vgl. / 6 / Seite 241 ff)
Rundgangszeitpunkte nach dem Zufallsprinzip	(vgl. / 6 / Seite 248 ff)
Vertrauensbereich für die Anteilswerte	(vgl. / 6 / Seite 257)
Verlauf des Vertrauensbereichs, Trichterkurve	(vgl. / 6 / Seite 261)

Gebiet: Planzeitbildung / 6 /

Einteilung der Einflussgrößen	(vgl. / 6 / Seite 351)
Ermittlung einer Ausgleichskurve	(vgl. / 6 / Seite 372)
Korrelation und Regression	(vgl. / 6 / Seite 373)
Grafische Darstellung von Planzeiten	(vgl. / 6 / Seite 375)

Tafel: Statistische Größen und deren Anwendungsfälle bei REFA

Bezeichnung	Formel	Seite	Literatur	Seite
Mittelwert für Zeiten	$\bar{t} = \dfrac{\sum t_i}{n}$	49	/ 6 / Methodenlehre der Betriebsorganisation	147
Mittelwert für Leistungsgrade	$\bar{L} = \dfrac{\sum L_i}{n}$	49	/ 6 / Methodenlehre der Betriebsorganisation	147
Gewichteter Mittelwert für Leistungsgrade	$\bar{L}_{gewichtet} = \sum\limits_{i=1}^{n} \left(L_i \cdot \dfrac{t_i}{t_{ges}} \right)$	54	/ 6 / Methodenlehre der Betriebsorganisation	147
Spannweite	$R = t_{max} - t_{min}$	59	/ 6 / Methodenlehre der Betriebsorganisation	165
mittlere Spannweite	$\bar{R} = \dfrac{\sum R}{k}$	61	/ 6 / Methodenlehre der Betriebsorganisation	165
Streuzahl	$z = \dfrac{R}{\bar{x}} \quad bzw. \quad z = \dfrac{\bar{R}}{\bar{x}}$	61	/ 6 / Methodenlehre der Betriebsorganisation	165
Epsilon (Streuzahlverfahren)	Aus Leitertafel		/ 6 / Methodenlehre der Betriebsorganisation	172
Varianz	$s^2 = \dfrac{1}{n-1} \cdot \sum\limits_{i=1}^{n} \left(t_i - \bar{t} \right)^2$	63	/ 6 / Methodenlehre der Betriebsorganisation	177
Standardabweichung	$s = \sqrt{s^2}$	64	/ 6 / Methodenlehre der Betriebsorganisation	177
Variationszahl	$v = \dfrac{s}{\bar{t}}$	64	/ 6 / Methodenlehre der Betriebsorganisation	177
Epsilon (Variationszahlverfahren)	$\varepsilon = \dfrac{t \cdot \dfrac{s}{\sqrt{n}}}{\bar{x}} \cdot 100\%$	98	/ 6 / Methodenlehre der Betriebsorganisation	182
Erforderlicher Stichprobenumfang für Mittelwert	$n' = \left(\dfrac{t \cdot s}{\varepsilon' \cdot \bar{x}} \right)^2$	99	/ 6 / Methodenlehre der Betriebsorganisation	174
Anteilswerte für die Ablaufarten einer Multimomentstudie	$\hat{P} = \dfrac{x}{n}$	31	/ 6 / Methodenlehre der Betriebsorganisation	234
Erforderlicher Stichprobenumfang einer Multimomentstudie	$n' = u^2 \cdot \dfrac{\hat{P} \cdot \left(1 - \hat{P}\right)}{\left(f'\right)^2}$	33	/ 6 / Methodenlehre der Betriebsorganisation	234
Vertrauensbereich für die Anteilswerte einer Multimomentstudie	$\dfrac{VB}{2} = \pm u \cdot \sqrt{\dfrac{\hat{P} \cdot (1 - \hat{P})}{n}}$	33	/ 6 / Methodenlehre der Betriebsorganisation	257

Anwendung statistischer Daten im Bereich des REFA

In der Arbeitsorganisation werden häufig statistische Verfahren verwendet um gemessene oder beobachtete Daten bezüglich ihrer Verwendbarkeit für bestimmte Zwecke abzusichern. Bei den gemessenen Daten handelt es sich z.B. um Belastungs- oder Zeitdaten, die für unterschiedliche Tätigkeiten ermittelt wurden und je nach Verwendungszweck unterschiedlichen Genauigkeitsansprüchen genügen müssen. Aus gemessenen Zeiten wird z.B. unter Anrechnung eines beurteilten Leistungsgrades ein Mittelwert berechnet, der z.B. für folgende Zwecke verwendet werden kann:

- Kostenkalkulation mit Hilfe von Lohn- und/oder Maschinenkostensätzen
- Zeitkalkulation von Auftrags- und/oder Durchlaufzeiten
- Vergleich von verschiedenen Arbeitsverfahren und -methoden
- Prozessbausteine für Planung von Kapazitäten und/oder Terminen
- Vorgabezeit für die Akkordentlohnung
- Vorgabezeit für die Entlohnung im Rahmen einer Prämie.

Die heutige Produktion ist immer mehr gekennzeichnet von der individuellen Anpassung der Produkte an die Anforderungen der Kunden. Dies führt zu einer zunehmenden Modellvielfalt und kleineren Losgrößen. Das bedeutet auch, dass die Anzahl der gleichartigen Tätigkeiten, die über einen längeren Zeitraum durchzuführen sind, ständig abnehmen. Da abgesicherte Daten im Bereich der Statistik nur dann zu erwarten sind, wenn eine hinreichende Anzahl von Messungen vorliegt, wird die Absicherung längerer Zeitabschnitte damit immer aufwendiger.

Abhilfe kann man schaffen, indem man die Tätigkeiten in kleinere Abschnitte unterteilt und diese als Planzeitbaustein hinterlegt. Dieser so entstehende Baukasten kann dann im Rahmen der Kalkulation wieder zu größeren, den praktischen Gegebenheiten angepassten Strukturen, zusammengesetzt werden. Eine feinere Unterteilung bewirkt aber wiederum eine Erhöhung des Aufwands für die Verwaltung und Pflege der Bausteine. Will man also mit vertretbarem Aufwand verhältnismäßig abgesicherte Kalkulationsdaten verwenden, so ist eine rechnergestützte Lösung sicherlich der einzige Weg.

In der Vergangenheit – und teilweise auch noch heute – war es üblich, für die Kalkulation mit Einflussgrößen Tabellen zu verwenden. Die Handhabung dieser in Schriftform vorliegenden Daten ist ebenfalls sehr aufwendig und bedingt zusätzlich einen hohen Wartungs- und Pflegeaufwand. In den meisten Fällen ist es möglich, derartige Tabellenwerke mit Hilfe der Regressionsrechnung durch entsprechende Formeln zu ersetzen, die dann in einer Datenbank gestützten Formelsammlung abgelegt werden können. Dies gilt auch für komplexere Strukturen mit logischen Abfragen z.B. durch die Verwendung von Formelinterpretern oder Entscheidungstabellen.

Korrekte Erfassung, Dokumentation und Behandlung statistischer Daten
Die Durchführung einer Stichprobenerhebung ist immer mit einer vorherigen sorgfältigen Planung verbunden. Nach Hartung / 1, Seite 271 / ist zunächst eine inhaltliche und formale Spezifikation des Problems vorzunehmen und in eindeutiger Weise die betrachtete Grundgesamtheit abzugrenzen. Dies findet auch im REFA-Standardprogramm Datenermittlung / 6, Seite 11 ff / seinen Niederschlag, indem dort die Vorgehensweise bei der Ermittlung und Verwendung von Zeiten und deren Bezugsmengen und Einflussgrößen detailliert beschrieben wird. Von vornherein sind dort folgende zwei Gesichtspunkte zu beachten:
- Verwendungszweck
- Reproduzierbarkeit.

Durch den Verwendungszweck wird u.a. bestimmt, mit welcher Genauigkeit die Daten erfasst werden müssen. Hier tritt insbesondere das Problem der Größe des Stichprobenumfangs in den Vordergrund. Will man z.B. für die Entlohnung von Mitarbeitern einen Zeitwert vorgeben, so möchte man relativ sicher sein, dass die Vorgabezeit nahe am Mittelwert der Grundgesamtheit liegt. Anders verhält es sich z.B. bei Daten für die Vor- oder Nachkalkulation.

Je nach Anforderung ist also eine hinreichende Anzahl von Messungen durchzuführen um mit einer bestimmten Sicherheitswahrscheinlichkeit ($1-\alpha$) einen relativen Zufallsfehler e zu erreichen. Die Sicherheitswahrscheinlichkeit hat dabei die Bedeutung, dass bei statistischen Aussagen immer ein Irrtum möglich ist, wenn eine „ungünstige" Stichprobe gezogen wurde. Die Irrtumswahrscheinlichkeit gibt dabei an, mit welchem Prozentsatz α eine solche ungünstige Stichprobe möglich ist (vgl. Hartung / 1 /, Seite 271 f). Der Zufallsfehler e dagegen ist eine von vornherein angenommene Fehlergrenze für die Schätzwerte. Bezogen auf das arithmetische Mittel entspricht er etwa der Genauigkeit ε eines Konfidenzintervalls zum Niveau $1 - \alpha$.

Durch die Reproduzierbarkeit wird die Wiederverwendbarkeit der Daten sichergestellt. Nach REFA / 6 / sind hierzu folgende Voraussetzungen erforderlich:
* sorgfältige Beschreibung des zugrundeliegenden Arbeitsablaufs
* die Arbeitsbedingungen müssen bekannt und dokumentiert sein
* die Daten müssen bestimmten statistischen Anforderungen genügen

Zur Reproduzierbarkeit gehört natürlich auch, dass das Zustandekommen der
Daten für jedermann nachträglich nachvollzogen werden kann. Dies gilt natür-
lich besonders für den Arbeitsablauf, die Arbeitsmethode und die Arbeitsumge-
bung. Aber auch die Erfassung der Daten selbst muss ausreichend dokumen-
tiert werden. Hierzu zählen u.a. folgende Aspekte:
Art der Aufschreibung:
    - Fremdaufschreibung
    - Selbstaufschreibung
Art des Zeitmessgerätes:
    - Stoppuhren
    - EDV-gestützt mit Notebook
    - EDV-gestützt mit speziellem Zeitstudiensystem
Art der Datenauswertung und Dokumentation:
    - Manuell
    - EDV-gestützt mit Tabellenkalkulation
    - EDV-gestützt mit speziellen Auswertungsprogrammen.

Bei allen Arten der Erfassung, Auswertung und Dokumentation ist sicherzustel-
len, dass die Reproduzierbarkeit der Datenentstehung und -korrektur bis hin zur
Verwendung gewährleistet ist. Manuelle Aufschreibungen und Korrekturen sollten – soweit möglich – mit dokumentenechtem Schreibzeug erfolgen. Etwaige
Korrekturen bei EDV-gestützter Erfassung müssen in einem Änderungsprotokoll
festgehalten werden. Bei der Übertragung der Daten an eine weiterführende
Software sollte eine Urdatensicherung angelegt werden, die den Zustand zum
Zeitpunkt des Transfers festhält. Bei der weiteren Bearbeitung und Dokumentation sollten sämtliche Schritte, die das Auswertungsergebnis verändern, in einem erweiterten Protokoll festgehalten werden. Das Protokoll muss jederzeit
von dafür autorisierten Personen abgerufen werden können, so dass immer der
aktuelle Änderungszustand ersichtlich ist.

Da speziell die Nachvollziehbarkeit bei der Tabellenkalkulation nicht gegeben
ist, scheiden diese für derartige Auswertungen aus.

Vereinbarungen der Sozialpartner

Da die Erfassung, Dokumentation und Verwendung statistischer Daten im Bereich der Arbeitsorganisation auch die Sozialpartner betrifft, sind in den verschiedenen Gremien Vereinbarungen getroffen worden, welche die Erhebung und Verwendung statistischer Daten im Betrieb regeln. Dies geschieht häufig in sog. Lohn- bzw. zukünftig Entgeldrahmentarifverträgen, die zwischen den jeweiligen Tarifvertragsparteien abgeschlossen werden. Diese Verträge gelten als Richtschnur für Betriebsvereinbarungen, die individuell auf die Belange der einzelnen Firmen zugeschnitten sind. An dieser Stelle ist darauf hinzuweisen, dass die REFA-Methodenlehre von den Sozialpartnern ausdrücklich autorisiert ist, hinreichende Kenntnisse des Instrumentariums der Arbeitsorganisation zu vermitteln. Aus diesem Grund ist die REFA-Ausbildung für die Ermittlung arbeitsorganisatorischer Daten dringend zu empfehlen.

In Betriebsvereinbarungen wird z.B. Folgendes festgelegt:
- Reproduzierbarkeit der Datenermittlung
- dokumentenechtes Schreibzeug
- Unterrichtung der Beteiligten
- Messmethode und Messgeräte
- Beurteilung eines Leistungsgrades
- Berechnung des mittleren Leistungsgrades (gewogenes oder arithmetisches Mittel)
- Berechnung von statistischen Kennwerten
- Extrapolation bei Planzeitformeln.

In Einzelfällen werden auch Angaben über einzuhaltende Vertrauensbereiche gemacht. Hierzu ist zu sagen, dass eine globale Vorgabe von einzuhaltenden relativen oder absoluten Vertrauensbereichen sehr problematisch ist, weil diese Angaben in keiner Weise den praktischen Gegebenheiten vor Ort angepasst sind. Je nach Art der Fertigung und den örtlichen Gegebenheiten muss unter Umständen von Fall zu Fall entschieden werden können, ob eine Baustein für bestimmte Zwecke verwendet werden kann. Ist es z.B. nicht möglich zufällige Zeitschwankungen bei der Durchführung einer Tätigkeit zu vermeiden, so kann die Forderung nach einem zu kleinen Vertrauensbereich zu einem unangemessen hohen Aufwand bei der Erhebung der Stichproben führen. In jedem Fall sind also Nutzen und Aufwand sorgfältig gegeneinander abzuwägen.

8.4 Griechisches Alphabet

Namen	Zeichen	
	Majuskel	Minuskel
Alpha	A	α
Beta	B	β
Gamma	Γ	γ
Delta	Δ	δ
Epsilon	E	ε
Zeta	Z	ζ
Eta	H	η
Theta	Θ	ϑ
Iota	I	ι
Kappa	K	κ
Lambda	Λ	λ
My	M	μ
Ny	N	ν
Xi	Ξ	ξ
Omikron	O	o
Pi	Π	π
Rho	P	ρ
Sigma	Σ	σ, ς
Tau	T	τ
Ypsilon	Y	υ
Phi	Φ	φ
Chi	X	χ
Psi	Ψ	ψ
Omega	Ω	ω

9 Literaturverzeichnis

/ 1 / Hartung, J.; Elpelt, B.; Klösener, K.-H.:
        Statistik.
        Lehr- und Handbuch der angewandten Statistik.
        München, Wien: Oldenbourg Verlag 2002

/ 2 / REFA-Verband für Arbeitsstudien:
        Betriebliche Statistik.
        Methodenlehre der Betriebsorganisation.
        München: Hanser Verlag 1993

/ 3 / Menges, G.; Skala, H.J.:
        Grundriss der Statistik, Band 2: Daten
        Opladen: Westdeutscher Verlag 1973

/ 4 / Hauser, S.:   Daten, Datenanalyse und Datenbeschaffung
        in den Wirtschaftswissenschaften.
        Königstein/Ts.: Verlag Hain 1979

/ 5 / v. Mieses, R.:   Wahrscheinlichkeit, Statistik und Wahrheit.
        Wien: Springer 1951

/ 6 / REFA-Verband für Arbeitsstudien:
        Methodenlehre der Betriebsorganisation
        Teil Datenermittlung
        München: Hanser Verlag 1997

/ 7 / Förster, E.; Egermayer, F.:
        Korrelations- und Regressionsanalyse:
        Ein Leitfaden für Ökonomen
        Berlin: Verlag Die Wirtschaft 1966

/ 8 / Dietrich, E.; Schulze, A.:
        Statistische Verfahren zur Qualifikation von Messmitteln,
        Maschinen und Prozessen
        München, Wien: Hanser Verlag 1998

/ 9 / Beck-Bornholt,H-P; Dubben, H-H.:
        Der Hund der Eier legt, Erkennen von Fehlinformationen
        durch Querdenken
        Reinbek, Rowohlt Verlag 2001

/ 10 / Weibull, W.:   A statistical theory of the strength of materials,
        Ing. Vetenkaps Akad. Handl., vol. 151, p. 1-45: 1939

10 Bilderverzeichnis

11 Stichwortverzeichnis